识干家

企業閱讀　學以致用

新产品开发管理，就用IPD

郭富才◎著

中华工商联合出版社

图书在版编目（CIP）数据

新产品开发管理，就用IPD/郭富才著．—北京：中华工商联合出版社，2015.1

ISBN 978-7-5158-1205-2

Ⅰ．①新… Ⅱ．①郭… Ⅲ．①产品开发—企业管理 Ⅳ．①F273.2

中国版本图书馆CIP数据核字（2014）第303772号

新产品开发管理，就用IPD

作　　者：郭富才
责任编辑：于建廷　臧赞杰
责任审读：郭敬梅
封面设计：久品轩设计
责任印制：迈致红
出版发行：中华工商联合出版社有限责任公司
印　　刷：河北宝昌佳彩印刷有限公司
版　　次：2015年4月第1版
印　　次：2022年11月第2次印刷
开　　本：787mm×1092mm　1/16
字　　数：200千字
印　　张：13.75
书　　号：ISBN 978-7-5158-1205-2
定　　价：75.00元

服务热线：010－58301130
团购热线：010－58302813
地址邮编：北京市西城区西环广场A座
19－20层，100044
http：//www.chgslcbs.cn
E-mail：cicap1202@sina.com（营销中心）
E-mail：gslzbs@sina.com（总编室）

博瑞森图书：企业阅读　本土实践

亲爱的读者朋友：

也许您是博瑞森图书的老读者，也许是新朋友，欢迎您阅读博瑞森图书！

当今中国，各行各业都存在着转型升级的压力与机遇。博瑞森图书与您一同应对转型挑战并发现其带来的机遇。

我们一直在问：什么样的书能为您解决管理难题并带来启发？

我们一直在找：哪些作品能帮助企业从跟随到领先？

我们一直在做：把最好的作品以最便捷的方式呈现给您，纸质版、电子版、书摘邮件、微信……

我们策划图书的原则是：

- 企业阅读——与您一样，做水中的游泳者，而非岸上的观众或教练，企业的困惑就是我们的任务。
- 本土实践——与您一样，立足本土环境，追求卓越实践，传播最适合当下中国企业的管理之道。

我们也向所有的企业管理者、管理咨询专家和企业研究者征稿，让更多被实践检验的好思想、好方法迸发出来，为企业助力！（bookgood@126.com 或 QQ：1963328416 或手机号 13611149991，绝非“自费出书”，不向作者收取任何费用）

如果有一天，您把博瑞森图书视为您优秀的事业伙伴、管理助手，我们也就实现了自己的梦想。

博瑞森图书

郭富才简介

中国大陆地区主持实施 IPD 咨询项目数量最多（23 例）、成功率最高的咨询专家（19 家企业的咨询项目成功结束）。

2008—2009 年主持的步步高通信科技公司 IPD 咨询项目，于 2011 年被授予中国咨询界十大成功案例称号。

深圳市汉捷研发管理咨询公司副总经理、董事、资深顾问、资深讲师。

2006 年，国际项目管理协会（IPMA）授予的中国首批百名优秀国际项目经理。

专著《用 Micfosoft Project 2002 管理项目实务》由机械工业出版社出版，合著作品《研发困局突围》（第一作者）由电子工业出版社出版。其中，《用 Micfosoft Project 2002 管理项目实务》连续 6 年作为福建、天津等省市的自学考试教材。

在《企业观察报》、《IT 经理世界》等报纸、杂志、网站上发表《让开发团队找准市场需求》（后被《新华文摘》转载）等 40 余篇文章。

职业经历：

1991 年大学毕业后，在中国核试验基地某核技术研究所工作 10 年，转业后到巨龙集团（“巨大中华”之首）、中兴通讯工作，曾任职研发工程师、研发项目经理、研发管理部经理、集团技术中心主任。2005 年成为专职咨询顾问，主持 20 多家企业研发管理体系建设。表 1

是作者在咨询项目中担任角色、咨询内容、咨询效果的说明。

表 1　作者在咨询项目中担任角色、咨询内容、咨询效果的说明

客户名称	咨询内容	担任角色	咨询效果
深圳宇龙酷派有限公司（HK02369）	IPD 管理体系	咨询项目经理	按照 IPD 模式开发出酷派智能手机，成为智能手机国内领先者，“中华酷联”之一，2013 年获得深圳市市长质量奖、广东省政府质量奖
河南中烟工业公司	IPD、市场管理体系、技术研发管理	咨询项目经理	产品开发效率提升，技术进步显著。按 IPD 模式开发出黄金叶高档烟产品，IPD 管理体系被授予河南省管理创新一等奖
中粮集团研发部	集团化研发组织及流程	咨询项目经理	建立了集团研发管理部门，有力地支撑了集团新业务的多元化扩张
杭州士兰微电子股份有限公司（SH600460）	IPD、市场管理体系	咨询项目经理	开发出照明 LED 芯片，成为中国 10 强半导体企业，2013 年被认定为国家规划布局内重点集成电路设计企业
山推股份研究院（SZ000680）	新产品规划、新产品开发、研究院组织结构	咨询项目经理	为推土机新产品开发、走向国际市场打下基础，2012 年以总分第一获得山东省省长质量奖
北京科美东雅生物技术公司	新产品开发项目管理、技术研发项目管理、产品生命周期管理、公司绩效管理	咨询项目经理	咨询后 1 年的专利数量相当于公司成立 10 多年的总量；产品质量咨询后有重大提升；在 2008 年金融危机时成功引入西门子风险投资 5000 万美元
广东步步高通信科技（共三期）	市场管理与业务规划、需求管理、新产品开发项目管理、技术研发项目管理、公司组织结构设计、公司绩效管理、技术重用管理、风险管理、IPD 成熟度评估	咨询项目经理	从 2008 年销售收入 20 多亿元到 2013 年销售收入 160 多亿元；新产品质量水平行业第一，新产品开发进度偏差 ±5 天，开发出世界上最薄的 VIVO 智能手机

续表

客户名称	咨询内容	担任角色	咨询效果
太原伦嘉生态科技公司	新产品开发项目管理	咨询项目经理	指导企业成功开发出了生态保健类产品
天津春发食品科技公司	市场管理与业务规划、需求管理、新产品开发项目管理、技术研发项目管理、公司组织结构设计、公司绩效管理	咨询项目经理	针对康师傅、双汇等大客户，成功开发出食品添加剂新产品，公司咨询后1年内销售收入增加50%以上 春发集团于2013年荣获“香精香料十大知名品牌”称号
浙江三维通信股份有限公司（SZ002115）	IPD、产品管理体系	咨询项目经理	为“网优产品”开发提供了管理模式；按照IPD模式，开发出世界上最小、最省电的直放站
深圳特尔佳科技股份公司（SZ 002213）	公司组织结构设计、需求管理、新产品开发项目管理、技术研发项目管理、新产品预研项目管理、绩效管理	咨询项目经理	按照该模式和宇通客车、金龙客车的要求，成功开发出液力缓速器产品并成功上市，填补了国内产品空白
南方路面机械有限公司	公司组织结构设计、需求管理、新产品开发项目管理、技术研发项目管理、合同交付项目管理、绩效管理	咨询项目经理	按事业部管理，新产品开发周期缩短45%，合同交付项目周期缩短52% 国内首创机制砂产品，机械行业标杆产品。2013年，在山西省举办了破碎整形制砂系统现场观摩会，干式制砂设备荣获“2013十大矿山机械产品奖”
中山欧帝尔电器照明有限公司	需求管理、新产品开发管理、技术研发管理、公司组织结构设计、公司绩效管理设计	咨询项目经理	按照IPD管理模式，开发出LED灯具新产品，新产品供不应求，年度销售收入增长50%以上
长沙松井新材料有限公司	需求管理、新产品开发管理、定制项目管理、基于矩阵模式的公司绩效管理	咨询项目经理	试运行中
燕京啤酒（桂林漓泉）股份有限公司	需求管理、战术产品开发管理	咨询项目经理	试运行中

作为资深研发管理培训讲师，10 年来举办 300 多场培训，培训客户 700 多家。

- **海尔集团（10 次）：**研发项目管理、研发质量管理。
- **广东美的集团（6 次）：**研发项目管理、研发测试管理。
- **三一重工集团（6 次）：**研发质量管理、研发测试管理、研发项目管理、Project 软件。
- **中联重科集团（5 次）：**研发项目管理。
- **徐工科技（4 次）：**研发项目管理、研发质量管理。
- **沈阳机床（4 次）：**研发项目管理、集团研发管控。
- **中国印钞集团（3 次）：**研发项目管理、研发质量管理。
- **其他客户：**

煤科院重庆分院、中科院科诺伟业、上海华勤手机、广东明阳、深圳一电科技、康佳集团、广西柳工、福建联迪、广西中烟、合肥美亚光电、扬中大全集团、上海雷迅、河南中烟、创维电子、联想集团、宇龙酷派、步步高通信、三维通信、广州海格通信、正泰电器、许继电气、特变电工、国电南瑞、中粮集团、士兰微电子、圣雪大成制药、东风朝柴、北京握奇、北京安泰科技、中国电力设备集团、威海新北洋、中国安防、浙江大华技术股份、重庆梅安森、广州御银科技、西安中扬电器、郑州宇通集团、华菱钢铁、台州杰克、骆驼集团股份、南京某航天研究院、中国电子集团桂林某电子研究所等 700 多家客户。

自 序

在浙江三维通信公司做咨询时，这家公司的李董事长给我讲了一个故事。

公司于20世纪90年代初开始创业的时候，为了推出新产品，花大价钱从法国聘请了一位资深的技术人员研发新产品。这位资深的工程师不怕别人的闲言碎语，细致地、周期较长地推出了新研发的产品。为什么周期长？因为他考虑的要素多一些，如可生产性、可测试、可安装，以及协议兼容、产品使用环境、产品标准、可靠性等。凑巧的是，这位董事长也花了大价钱聘请了一对中国夫妻来公司研发新产品。当时，这对夫妇开了一家小公司，为了“挖”这对夫妻，把他们公司库存50万元的元器件也一同“挖”了过来。后来发现，这对夫妻推出新产品的速度明显快过法国技术人员。但董事长后来又发现，这对夫妻推出新产品的速度快，但从市场上退回来也快，因为存在问题，如协议匹配的问题、高低温适应的问题等，要返修。而法国技术人员研发的新产品，虽然推出周期较长，但基本没有从市场上返修回来的机器。

据华为早期员工回忆：1999年之前，公司做研发的时候，华为既没有严格的产品工程概念，也没有科学的流程与制度，项目能否取得成功，主要靠项目经理和运气。该员工负责的第一个项目是HJD48，运气不错，为公司赚了钱。但随后的局用机就没有那么幸运了，亏了。后来的 C&C08 和 EAST8000 又重蹈了前面两个项目的结局：C&C08 非常成功，同期的 EAST8000 却被归罪于名字取得不好，成了“易死的 8000”。这就是 1999 年之前华为产品研发的真实状况，产品获得成功具有一定的偶然性。可以说，在那个年代，华为研发依靠个人英雄。

上述案例在中国企业比较常见，产品开发成功上市具有偶然性，依赖人，而不是依赖团队和管理机制。德鲁克说：“组织不能只依赖天才来运作。”只有依靠团队精神的组织才拥有光明的前途。偶然的成功和个人英雄主义给公司带来不确定性，随着企业规模扩大和创业老板对企业影响力降低，这种不确定性更大。要改变这种方式，唯有找到一套管理思想和一套经过成功企业验证过的实践办法。

集成产品开发（Integrated Product Development，简称 IPD），就是一套管理思想与管理成功实践的结晶，它是一套产品经营管理体系，不仅仅指新产品开发流程。

我于 1991 年大学毕业后，投身于中国核试验事业，在中国核试验基地某核技术研究单位从事技术工作 10 年，然后转业到巨龙集团工作，后又到中兴通讯工作。2005 年年初，我投身于研发咨询工作，致力于 IPD 的管理变革和咨询事业。

10 年的咨询时光，既亲身体验过成功的 IPD 实践为企业创造的巨大价值，也目睹过失败的 IPD 咨询项目给企业带来的伤痕。曾几何时，我深切地意识到咨询是一个天大的“良心活”。成功的咨询项目、优秀的咨询师只是一个必要条件，除此之外，还需要非常多的企业内在因素的配合。

企业管理是一个理性、系统、逻辑、平实的体系，当然，某些决策也需要高层管理者的灵光乍现。在管理体系建设上，不要寻求“葵花宝典”和“独门秘诀”，需要理性与平实的管理方法。华为多年来一直在持续引入国外系统性的管理方法，成为中国其他企业的标杆。

IPD 是一套产品经营管理体系，本书由于篇幅有限，只能就中国企业最需要的管理要素介绍以市场为导向开发新产品、按价格牵引法设计产品成本、组建跨部门的团队机制开发新产品、新产品开发是一项投资决策行为、建立“端到端”与并行的新产品开发流程、IPD 在企业变革时的经验与教训等内容。

书中的内容，有的是我 10 年来研发管理咨询经验的总结，有的是公开发表的文章。有的文章发表在汉捷咨询月度电子期刊上。有的文章使用了专业顾问研究的观点，包括汉捷咨询总经理胡红卫先生、汉捷公司原资深顾问徐旭先生等的观点；也使用了华为在 IPD 变革过程中的一些观点。另外，西安财经学院商学院黄慧婷副教授参与编写了本书第五章内容（IPD 管理模式下新产品定价策略）。在此，一并表示感谢。

2014 年 9 月 28 日于深圳

目录
Contents

第八章　IPD 落地实践的关键点

第九章　中国企业 IPD 实施案例

第一章

中国企业新产品开发存在的管理问题

一些中国企业：

没有时间把事情做正确，却总有时间一改再改。

相信结果，不相信过程管理决定产品质量和团队工作效率。

——IBM 咨询顾问

第一节　重营销，轻创新

“波导手机，手机中的战斗机。”多么熟悉的广告语，波导手机如今却淡出了人们的视线。

波导股份公司作为国产手机昔日的龙头老大，从 2000 年上市伊始就吸引了无数人的目光，一度引领国产手机并抢占了国内手机市场的半壁江山。然而，十几年后的今天，它能让投资者追寻的，更多的是这架战斗机坠落的轨迹。

2003 年 8 月，波导 V10 上市受到市场疯狂热捧，在短短 4 个月的时间里，该手机销量就突破 300 万部大关，不仅创下了国产手机单款销量新纪录，而且这一数据还是当时除了国产手机前十强之外的 32 家厂商的手机产量总和。也就是在那一年，波导股份公司取得了 2.45 亿元的净利润。

不过，遗憾的是，波导手机的市场神话来得快去得也快。从 2004 年开始，由于死机、黑屏等质量问题，国产手机来之不易的市场优势很快丢失了，市场份额连续缩水。2007 年，市场占有率只有 33.8%。

随着国产手机市场份额的丢失，作为行业老大的波导股份公司——

这架战斗机也仿佛在一瞬间突然折戟。2005 年，波导股份公司首次出现巨额亏损，亏损额度高达 4.7 亿元；2007 年，亏损再次扩大到惊人的 5.9 亿元。

这架战斗机坠落的原因是什么呢?

企业经营需要“两个轮子”：一个轮子是营销，另一个轮子是研发创新。“两个轮子”一个都不能缺失，没有研发创新，营销的轮子将失去持续的动力；没有营销，“酒香还怕巷子深”。

20 世纪 90 年代，国内名震一时的“点子大王”——何阳，以点子多并将其商品化而闻名全国。他曾将一个点子卖数十万元，开宝马车、住别墅；曾在全国各地做数百场报告，许多老板纷纷追逐“点子大王”，希望能从他那里得到发展企业的秘籍。当时，何阳所著的《点遍中国》成了企业家的必读书。

不少人认为，何阳的“成功”误导了中国企业的管理界。首先，他的“点子作用”过于夸大，导致一些老板有“一剑封喉”的痴想。2001 年 3 月 15 日，何阳被银川市城区人民法院以诈骗罪宣布判处有期徒刑 12 年，标志着“点子”时代的终结。

工业化初期，“点子大王”式的非系统性营销占据领导地位，由于企业轻视了产品持续创新，客户需求出现了升级，产品生命周期结束，那些只重视营销而忽视产品创新的公司一个一个地倒下。一些企业为广告可以投入几千万元甚至上亿元，夺得了中央电视台一个又一个标王，但随着岁月流逝，过去的标王今何在?

营销是企业的翅膀，但产品技术创新是这双翅膀的内在原动力，没有动力，企业将折戟沉沙，不能持续高飞。

真正成功的企业管理哲学，是在“理性与平实”中进行系统性管理体系建设与发展。营销管理与产品创新管理机制是企业的“两个轮子”，要提到战略的高度。让中国企业的研发管理搭上营销管理这列高速列车吧！只有这样，才有希望从中国制造走向中国创造。

第二节　重产品实现，轻系统配合

企业中经常出现这种场景：制订新产品开发计划和研发任务书，公司总经理往往让研发副总完成；公司的年度新产品开发计划也是研发副总负责制订的；新产品开发上市成功了，是研发副总的功劳；新产品开发失败了，板子也会打在研发副总的屁股上。总之，公司新产品开发的事情就是研发副总的事情，就是研发部门的事情，其他部门只是帮助研发部门做事情。

所以，中国绝大多数企业在实际运营中，评价研发组织绩效的核心考核指标是新产品的成功上市率。似乎一个新产品能否最终走向市场，成也研发部门，败也研发部门。

事实果真如此吗?

湖南株洲的太子奶是儿童乳酸菌饮料市场占有率居于首位的公司，但公司产品结构单一，市场份额不断被娃哈哈蚕食。为了重振市场，公司投入巨资，研发人员全力打造出一款新型的儿童乳酸菌饮料，命名为“爽优优”。

新产品开发出来后，在内部的评审中深受好评，口感好、质量优，且荣获该年度公司的优秀研发项目奖。这么好的产品在内部获得殊荣后就被“束之高阁”，直到娃哈哈的“爽歪歪”广告铺天盖地，太子奶才发现这款产品本是自己首先研发成功的，怎么让娃哈哈赚得钵满盆满呢?

后来，公司内部检讨：为什么起了个大早，却赶了个晚集？原因却是，老板口头向营销副总交代要把“爽优优”尽快推向市场，后来由于工作繁忙，也没有进一步跟踪此事。营销副总也向营销人员口头表示要推广“爽优优”，但既没专人负责，又没有具体的推广措施，加之销售人员认为新产品不好卖，积极性不高。最终，此事不了了之。

从这个案例可以看出，新产品能否成功上市与营销体系是否积极推广有很大的关系。

2004 年，TCL 集团收购法国的汤姆逊集团，开始走上真正意义的全球化战略之路。但是，2007 年 4 月，TCL 集团公告称巨亏 19 亿元，主要原因是 TCL 多媒体（TMT）欧洲彩电业务设备和欧洲市场本身亏损所致。人们会问：“明知汤姆逊财务状况极差，TCL 为什么还要花巨资接手这个烫手的山芋?”

2004 年，TCL 在收购汤姆逊的公告里写道：“公司合并后，仍沿用双方的原有品牌，在亚洲及新兴市场以推广 TCL 品牌为主，在欧洲市场以汤姆逊品牌为主，在北美市场以汤姆逊原有的 RCA 品牌为主。同时，并购后的 TCL－汤姆逊电子有限公司可以利用汤姆逊已有的 34000 余项彩电专利、1000 多名员工的研发队伍，通过全球六大研发中心，合理分配资源，从而增加核心技术的积累。”

新产品开发管理，就用 IPD

2010 年，历经失败的磨难后重振雄风的 TCL 在检讨其国际化首战失败的原因时，董事长李东生先生这样说：“当初,之所以要收购汤姆逊，是因为其是传统 CRT 电视全球研发的鼻祖，拥有 CRT 行业最多的专利及最庞大的开发团队。”

李东生也知道传统 CRT 终有一天会被液晶等离子取代，但他预计欧洲市场至少到2008 年前还是 CRT 的市场。但没想到，从2005 年下半年开始，以三星为代表的液晶平板电视开始大幅取代传统 CRT 电视，而 TCL 集团在平板电视方面的核心技术甚少。也就是说，在 TCL 并购过来可以利用的 34000 余项彩电专利中，符合市场需求趋势、拥有生命力的专利技术并不多。这直接导致 TCL 集团在欧洲市场遭遇滑铁卢。

从这个案例可以看出，新产品的成功是和产品所用的技术生命周期密切关联的，如果技术生命周期处于衰退期，产品生命周期也将进入衰退期。

为避免新产品开发所使用的技术为衰退期的技术，需要市场管理团队对市场进行详细的分析和调研，不仅要对宏观政策、竞争对手、客户信息进行调研，还要对技术发展趋势进行细致的研究。无论是购买还是研发产品、技术，都要避免使用或者购买衰退期的技术。

加拿大的罗伯特 · G. 库珀先生在著作《新产品开发流程管理（第三版)》中，归纳了新产品开发失败的原因。从图 1 – 1 可以看出，市场分析不充分是导致新产品开发项目失败的首要原因。

我在长期调研中也进一步验证了库珀先生的结论。新产品最终能否成功上市，不仅与产品的技术实现有关，起决定作用的是产品的市场分析是否充分、产品定位是否准确、营销策略是否有效等。新产品开发看起来是一个技术研发活动，实质是产品经营活动。

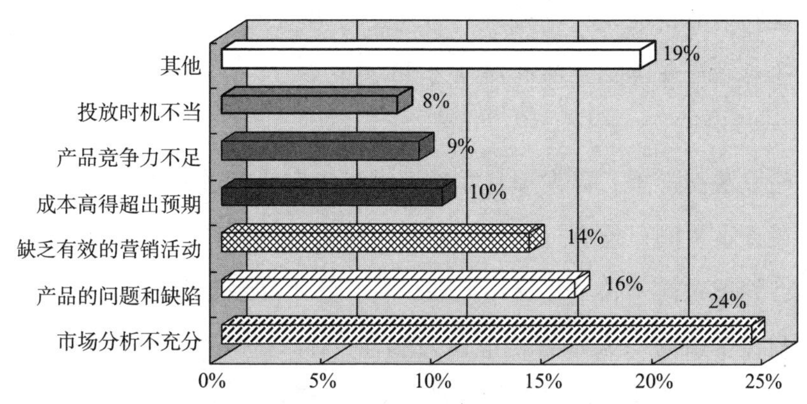

图 1-1 新产品开发失败原因归纳图

第三节 周期长，浪费大，质量低

一、新产品开发周期长，以销售为导向，浪费严重

我发现，新产品开发项目进度难以掌控，就像“脚踩西瓜皮，滑到哪里是哪里”。项目进度延期严重，许多企业反映，50%以上项目进度延期，能够按照计划完成的研发项目少之又少。

1999 年，IBM 在为华为做咨询时，给出在电信设备供应商行业新产品上市晚一个月会导致以下结果的结论。

（1）销售收入少 530 万元。

（2）利润减少 265 万元。

（3）额外增加 375 万元的研发成本。

咨询前的情况是，华为新产品开发的周期为 70 多周，而业界最强的竞争对手研发类似产品的周期为 35 周左右。

研发浪费严重，研发项目立项评审后，在研发过程中缺少相应的业务决策评审机制，没有过滤，不能及时结束市场不成功的项目。新产品磕磕绊绊地走向了市场，最终死在市场，达不到最初制订的销售目标。

我在佛山的一家做家用电器控制器产品的企业调研，研发副总反映："虽然只有 160 多个研发人员，但一年要做 1000 多个开发项目。"我问："达到预期收益目标的项目有多少？"回答："不到 20%，有些项目是销售人员催着做的，但做着做着，销售人员就不提这件事了，最后不了了之。"有限的研发资源由于公司管理不善，被大量地浪费在没有必要应对的项目上。

二、以牺牲质量为代价赶进度

2009 年，我在广州的一家测绘仪器企业和总经理交流，他说："公司的产品需要快速上市，需要在广大的客户现场反复验证。"稍后，我和公司的服务人员交流，他们告诉我："客户评价公司的产品说'你们公司的产品质量不好，只是价格便宜，在一些小工程上采购你们的产品，在大型工程上，我们还是采购国外的产品'。"

"相信结果，不相信过程管理决定产品的质量"，这是中国企业新产品开发的通病。

1999 年 9 月，IBM 咨询顾问组对华为质量管理方面给出的结论是，华为应确定质量方针。在当时的环境下，华为对速度的要求总是以牺牲质量为代价。如IBM顾问组发现，161个项目中只有20个项目通过最终验收。

三、错误的研发管理理念

没有好的研发管理观念和机制，就不会有持续创新的机制。中国企业要完成从制造向创造转型，最重要的是改变研发管理理念和机制。

下面是一些企业存在的错误研发管理理念或方式。

（1）没有产品规划。老板说研发什么就研发什么；销售人员向研发人员提出什么产品就研发什么产品；需求模糊，如要好看的、便宜的、质量好的产品。

（2）相信市场机遇，不相信产品战略规划。研发是销售机会驱动型，而不是市场驱动型，主要是仿制竞争对手产品的外观，然后又快速地被其他竞争对手仿制。

（3）研发人员工资高，具有优越感。产品研发过分信赖研发人员或某些人，而不是管理机制和团队；相信奇迹，相信研发人员的突发灵感，相信技术“大拿”。

（4）进度优先，质量第二。在研发过程中做出的样品没有问题，一到批量生产就有问题了。

（5）公司层面缺乏行之有效的绩效管理体系，没有人对新开发的产品市场成功负责（如果说有人负责，也是公司总经理负责，但总经理往往不在项目现场）。

第四节　新产品项目管理中的困惑

我作为一名资深顾问，在对中国企业进行深入调研诊断的过程中，针对新产品开发管理，发现企业存在以下研发管理困惑。

（1）项目经理一提到跨部门协助就头痛，一个开发团队的经理，如何指挥、管理除研发部门之外的其他部门人员？

（2）企业想建立产品开发项目团队，任命项目经理，但是项目经理如何工作，如何协调跨部门团队，如何与客户、高层，以及非研发部门沟通，让项目经理很困惑。

（3）按照项目管理模式，项目成员要听从项目经理的安排。那么，在这种模式下，职能部门经理还要做什么事情？部门经理履行什么职责？

（4）公司建立了 PDT 团队（产品开发团队），但发现项目团队成员根本不听项目经理的安排，还是愿意听从部门经理的指挥，研发项目经理怎么解决这个问题？

（5）公司设置了项目奖，发现项目成员开始斤斤计较，干得多，为什么奖励少？

（6）项目组的成员如何进行考核，如何调动项目成员的积极性？

（7）需求不明确就开始做项目，在做项目过程中增加需求、不断更改设计，导致项目延期，怎么办？

（8）公司项目成员不写文档，项目结束了，有时为了应付外部审计不得不补文档，也知道这样做不对，怎么解决？

（9）为了保证质量，公司也进行技术评审，如对技术方案进行评审，但发现评审走形式，评委出工不出力，没有效果，如何解决？

（10）公司也通过了 ISO9000、TS16949、CMMI L3 等体系的认证，也建立了自己的质量管理体系，但体系在实际工作中并没有得到执行，体系规定和实际运作是“两层皮”，怎么解决？

（11）流程不少，文档化的流程却被抛之脑后。像华为这样的大企业，听说 IBM 为它咨询的 IPD 新产品开发流程比较复杂，它是如何保证研发流程得到执行的？

（12）项目计划没有用，与实际情况不同，进度延期严重。为什么项目管理要提倡做项目计划？

（13）也做计划，也想按计划执行，但是计划本身就不合理，所以，大家就不按计划执行了。有什么办法让计划做得更合理？

第二章

“理性、平实”的新产品开发管理观

很遗憾，至今都没有找到华为成功的所谓秘密，如果说对华为有什么重大发现，那就是“常识”，即对企业成长和经营管理常识的探索，对常识的遵从、敬畏和坚守。

——《华为没有秘密》吴春波

只有建立现代企业管理体系，我们的一切努力才能导向结果，我们的大规模产品创新才能导向商业成功，我们的经验知识才得以积累和传承，我们才能真正实现站在巨人肩膀上的进步。

——华为总裁　任正非

第一节　新产品开发管理模式的变迁

一、单打独斗的发明创造阶段

研发管理模式与产品开发管理方法为，“把一群聪明的人放在一个与世隔绝的房子里，给他们足够的钱，并提出了希望”。企业管理者通过提供智慧、资金、设备和时间的合理组合追求既定的想法，让科学家和工程师能够独立地创造新产品和新工艺，并使其转化成收入、收益和市场份额。

18 世纪 60 年代，工业革命在英国开始。经过 200 多年的洗礼，西方国家尤其是美国在技术和新产品开发方面遥遥领先。但早期的新产品开发主要集中在发明上，包括新的消费类产品的发明，如爱迪生发明了电灯，或者发明新型的生产设备，用于提高生产效率。

这是第一阶段的研发管理，这个阶段往往存在研发产品与市场脱节的现象。研发人员凭直觉做产品，往往脱离市场决定基础开发工作做什么、什么时候做、谁来做、为什么做。经营管理者往往脱离研发，有时甚至根本不知道基础研究正在做什么。对他们来说，研发就是一个黑箱子。

二、研发部门与其他部门串行协同作战阶段

20 世纪 60 年代初期至 80 年代末为第二阶段。第二阶段的研发管理往往由研发人员组成项目管理团队。在这个阶段，国际项目管理协会（IPMA，1965 年）和美国项目管理委员会（PMI，1969 年）均宣告成立。

该阶段新产品开发项目往往由研发部门相关人员组成项目团队，团队试图负责新产品开发项目。企业大多数人（包括领导）认为，新产品项目成败由研发部门决定。

以项目为基础并实行研发战略框架管理，将业务部门或公司作为研发专业人员的“外部客户”，力图增强业务部门与研发部门之间的沟通。

这种抛过墙式的研发管理模式，通过串行过程，采用从市场、研发、试产与生产、测试、销售再到服务的串行工作方式。项目管理往往在研发体系内进行实践，把新产品开发仅仅当作是研发部门的事情，由于在新产品开发项目管理上各部门目标不一致，公司各部门沟通困难。

三、跨部门团队工作机制阶段

在西方发达国家，20 世纪 80 年代末至今为第三阶段。

第三阶段的研发管理的主要特征是，创建跨部门甚至跨公司的战略平衡研发组合，这种研发组合由产品开发经理以合作伙伴的方式确定。从产品导向转变为客户导向，从质量、成本、交期管理模式转变为以质量、成本、交期与产品最终在市场上成功为标志。

从管理的特点来看，市场战略、技术规划、产品开发、技术平台、跨部门团队为第三阶段研发管理的主要特征。

在产品开发团队中，业务部门和产品开发部门在产品开发中合作，提高了产品开发成功的概率。

该阶段研发管理采用业务决策与技术评审分离的管理手段，让企业高层管理者参与研发管理，从项目的投资与公司整体决策进行控制。

高级管理者的作用很重要，只有高级管理者才有权调整资源、将不同部门的人员集合起来制作跨业务部门的产品开发计划，也只有高级管理者才能保证投入产品开发项目资金。在美国，许多高级经理把自己在研发中的角色看作资金的提供者。美国工业研究院所做的调查报告指出，不到 1/3 的高级经理实际参与了研发项目的最初评估与选择。

有意思的是，随着新产品和新技术的层出不穷，相对于生产管理、营销管理、财务管理、人力资源管理等领域，对新产品开发管理的研究一直未引起人们的重视。直到迈克尔 · E. 麦克哥拉斯提出了 PACE（Product And Cycle Excellence）研发模式，这种情况才有所改观。后来，IBM 于 1994 年左右，在 PACE 的基础上提出了集成新产品开发模式（Integrated Product Development，简称 IPD），在将研发管理的体系性和实践性提升到一个新水平。

IBM 也在研发方面遇到了巨大的麻烦，成为公司巨额亏损的主要原因之一。比如，IBM 的研发投入占收入的比例在 1993 年达到 12%，由于硬件毛利持续下降，公司支付不起这么高的研发费用。在投入的研发费用中，25% 的研发费用白白损失掉了，而业界最佳的损失比例是12%。IBM 的产品上市时间也远远落后于主要的竞争对手。后来，IBM在郭士纳的领导下实施 IPD，取得了巨大成功，降低了产品上市时间和研发费用。如图 2－1 所示。

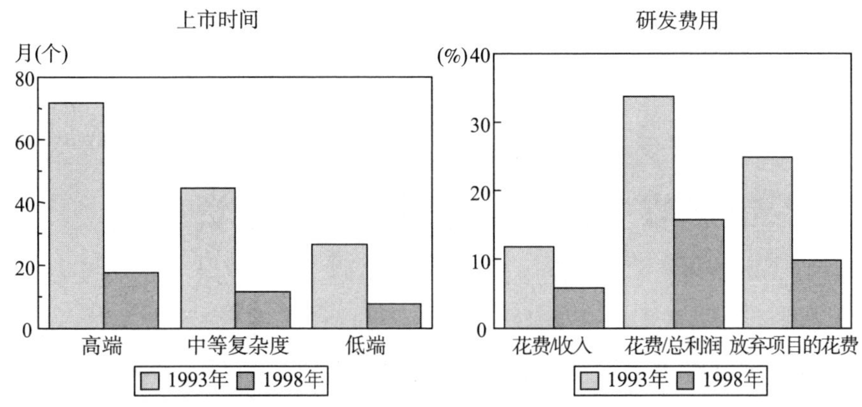

图 2－1　IBM 实施 IPD 前后效果对比

像 IBM 一样在研发方面遇到巨大麻烦的著名公司并不少见，摩托罗拉的“铱星计划”最终宣告全面破产，再一次说明过于以技术为导向的新产品开发基本上会以失败而告终，摩托罗拉蒙受了巨大的损失。爱立信、西门子等公司在手机研发上，由于浓厚的工程师文化，缺乏对消费者需求变化的洞察力，最后在竞争中败下阵来。这种现象不仅在大公司中不胜枚举，在中小型公司也很常见。

尽管如此，美国企业过去 20 年在研发方面取得的进步是巨大的。根据 PRTM 公司的估计，在过去近 20 年的时间里，美国大多数公司所有新产品的上市时间缩短了 40% ~60%，研发效率不断提升。

尽管有如此大的改善，PRTM 公司认为，美国企业在研发效率方面还有巨大的空间。相对于过去以缩短产品上市周期（TTM）为主题的阶段（PRTM 称为快速上市时代），PRTM 公司提出新产品开发管理将进入新时代，也就是研发生产率时代，即以更少的投入获得更大的产出。在研发生产率时代，随着研发管理模式进一步改进，借助现代 IT 技术，研发绩效指数将进一步提高。

总之，企业新产品开发能否持续成功，与研发项目管理理念和管理模式密切相关。我提倡本章后面的新产品开发管理理念。

第二节　新产品开发是一项投资行为

在《华为基本法》中，其中一条为，中短期的投资战略仍坚持产品投资为主，以期最大限度地集中资源，迅速增强公司的技术实力、市场地位和管理能力。在制订重大投资决策时，不一定追逐今天的高利润项目，要特别关注有巨大潜力的新兴市场和新产品的成长机会。不从事任何分散公司资源和高层管理精力的非相关多元化经营。

要从投资的角度看待新产品开发，强调用投资的理念（投资收益的角度）和方法来经营管理新产品开发，在新产品开发过程中进行投资决策评审，做有价值的新产品。投资市场上成功的新产品，在进入开发团队之前就对市场机会进行过滤。

中国经济在快速发展，对企业来说有很多机会，但资源有限，要把有限的资源应用在更好的市场机会上，唯一的办法就是在市场机会流入开发团队之前进行相应的决策评审，将不好的市场机会过滤掉。

2014 年，我在中山市小榄镇一家照明电器企业调研时发现，公司研发人员不足100名，由于公司缺乏新产品投资决策评审机制，是销售机会导向型而不是市场导向型，销售人员一个电话就立项开发。项目立项随意，研发人员整天喊着有干不完的活，很疲惫。研发资源投入严重不聚焦，几年来没有精品推向市场。访谈时，员工反映：“公司产品品种不断增加，增加速度太快，2013年上半年就增加了400多款新产品。”

2014年5月，我在广州顺德大良镇一家做家电控制器的企业做调研，研发副总说：“公司研发技术人员不到200人，但2013年开发的新产品项目有1000多个。”我反问道：“1000多个项目中投入市场成功的有多少个?”回答：“不到两成。”这就意味着有限的研发资源被投入到800多个没有市场前景的项目中。

企业要建立新产品决策评审委员会，这是由高层管理者组成的跨体系团队。他们关注市场管理团队所提议的新产品机会，在新产品开发前期，通过决策评审活动及时过滤掉市场上不可能成功的产品项目。

另外，我要申明的是，不能将新产品开发投资当作费用。如果是费用，企业要尽量控制；如果将其作为一项投资，就要站在投资收益的角度看待问题，企业的成长是靠投资保障的扩张策略，而不是靠压缩费用的收敛策略。

深圳华为技术、中兴通讯、迈瑞医疗，一般是将上一年度收入的10%投入研发体系。一些传统的食品企业、照明企业也将上一年度收入的2%～3%投入研发体系，以保证持续成长，如天津春发生物科技集团有限公司、中山欧帝尔电器照明有限公司。

在这里多说几句，华为甚至将研发人员也当作资本进行投资，特别是在快速扩张期，以保证公司新业务增长对人才的快速需要。我见过太多的企业老板，一谈到招人，马上想到费用要压缩再压缩，限制了公司的扩张与发展。

在新产品开发过程中，一般设置新产品开发任务书决策评审点、概念决策评审点、计划决策评审点、新产品发布前决策评审点。在这些决策评审点，公司的高层管理团队可以及时过滤掉市场不成功的新产品开发项目，集中公司有限的研发资源，实施“压强原则”，聚焦有潜力的新产品开发项目打歼灭战。

第三节　要开发的是新产品包，而不仅仅是新产品

企业的新产品开发，提倡的是新产品包开发。采用跨部门的团队方法，共同开发新的产品包。

一般意义上的新产品开发，往往关注新产品的功能和性能研发，但站在客户的立场，客户关心的不仅仅是新产品的功能和性能，还有价格、易用性、生命周期成本、可获得性等。

IPD 使用 $APPEALS 进行需求分析，规定从 8 个方面进行客户需求分析，确定客户的购买准则并评价公司自身产品与竞争对手之间的差距。$APPEALS 的 8 大要素如下。

（1）$Price：价格。

（2）Availability：可获得性。

（3）Packaging：包装。

（4）Performance：性能。

（5）Ease of use：易用性。

（6）Assurances：保用性。

（7）Life cycle cost：生命周期成本。

（8）Social influences：社会影响。

判断客户需求的办法之一是对客户进行访谈，现有客户、以前失去的客户，甚至竞争对手的客户都会向访谈小组说明各自不同的需求。

企业要取得市场成功，必须了解客户的需求，研发的是产品包，而不仅仅是产品性能样机。因为客户购买产品时，关心的不仅仅是功能和性能。

我在一家医药企业调研时，员工反映：“新产品开发项目都结束了，准备到市场上销售了，才发现还没有到药监部门进行 GMP 认证……后来，产品开发项目一结束，就马上启动认证项目。”在产品包定义中，“保用性”需求中就会提到认证需求，在产品包开发过程中一并把认证需求开发出来。

第四节　新产品开发要以市场为导向

真正面向消费者的新产品开发当推福特研发的“工薪阶层买得起的汽车”。1908 年 8 月 12 日，第一台福特 T 型小汽车在底特律出厂。因为采用了大规模生产的新技术，T 型车造价仅为 900 美元。1908—1927 年，T 型车累计销售 1500 多万辆，成为历史上最畅销和销量最大的车型。

但是，福特认为：“不管你喜欢什么，我的汽车就是黑色的。”通用汽车公司抓住了消费者需求多样化的趋势，研发了很多款式新颖、更能满足顾客需求的汽车，受到消费者的热烈欢迎，导致福特的 T 型车不得不在 1927 年停产。

如果你是一个成年人，会觉得《天线宝宝》相当乏味。“天线宝宝”很少说话，只会发出一些含混不清的音节；它们常常摔倒、窃笑、跳舞、互相紧紧拥抱，总是把“再来一遍”挂在嘴边，只要是新经验就会重复。你以一两岁孩子的眼光看，就会发现，节目所呈现的世界一点也不比孩子们在“人之初”时开始熟悉的真实世界奇怪。伍德与达文波特认为，虽然孩子们与成年人生活在同一个宇宙中，但观察世界的角度截然不同。如果要创作出孩子们喜欢的节目，就必须懂得，儿童并不是成年人的小化身，而是自我独立的小个体。

“注重客户体验，倾听客户的声音，认清客户的真正需求。以客户的需求为设立目标的依据，完全从客户的角度提升能力和素质，提升服务质量。”这是华为的核心价值观之一。

在充分的市场调研与分析的基础上进行产品创新。在产品开发之前，需要实施市场环境分析、需求分析、竞争分析、市场定位等市场活动；在产品开发过程中，需要正确定义市场需求和产品概念，贯彻以客户为中心的设计理念。

新产品开发的理念是市场需要什么，企业就开发什么，技术并不是最先进的，企业也并不是以技术最先进为最终开发目标。

世界上最著名的创新研究机构贝尔实验室沦落为被房地产公司收购的命运，最重要的原因是不能将研究的世界一流的科技成果最先应用于本公司的产品。许多科研院所为什么在市场经济环境中相继倒下？远离市场、唯技术情结是重要原因。

我提倡市场导向的新产品开发，而不是销售机会导向的新产品开发。开发的新产品要满足市场中一类客户的共性需求（细分市场需求）。将这类细分市场中主要客户群的共性需求进行收集、分析，提炼共性需求，需要公司战略与市场部门做大量的市场调研与分析工作。

销售机会导向公司的典型特征是，销售人员将某个客户的需求信息源源不断地传递给研发体系，这些"短、平、快"的需求信息未经提炼、分析，巴不得今天提出，明天要货。企业多年运作的结果是，研发出来的新产品总是不能上量；新产品的技术含量不高，往往关注客户的短期需求而忽略了长期需求。

企业在初创期，为了生存而关注短期需求，但过了生存期的企业，生存不存在问题，生存好和发展好最重要。因此，需要研究客户群需求信息，包括短期需求和长期需求，明显需求和潜在需求。

我在一家国内知名的照明电器企业访谈时，员工反映："公司设置了产品经理、设置了市场部，但没有达到市场分析与产品定义的目的。因为市场部的主要职责是产品推广、广告策划，而不是市场分析。""研发人员获得的往往是紧急的、不全面的、模糊的需求描述，比如，9月要20款产品，分5～6个系列，好看一点、便宜一点、简约一点。结果按照这些模糊的需求想当然地研发出来的产品太贵了、不好卖，但是贵多少、为什么不好卖、什么样的产品好卖没有具体的反馈。"

以市场为导向研发新产品，正如一些成功企业的组织结构设计一样，在营销体系建立真正的市场部门/产品经理部门，而不仅仅是销售部门，市场部门/产品经理部门的重要职责之一是收集客户信息、分析市场信息、规划公司产品发展方向，向开发团队下达新产品开发任务书、定义新产品是什么、制订新产品营销策略和上市策划等。

第五节　新产品开发需要多部门合作

新产品开发不仅是研发部门的工作，也是公司各个业务部门相互合作才能完成的工作，包括市场营销体系、研发体系、供应链体系、财务体系、质量管理体系，大家联合作战，在 PDT 经理带领下以团队形式共同工作。

脱胎于农耕文明的中国企业模式，已经严重阻碍了工业文明的发展。其中一个要素是严重行政化的管理模式，上级行政指令大于一切，喜欢单打独斗，部门与部门之间合作困难，部门之间存在着无形的“部门墙”。

在中国企业中，跨部门合作是一件令人头疼并带有技巧性的工作。部门间合作困难的起因在于企业管理机制，中国目前的职能型管理机制导致部门利益不同，人都是自私的，部门之间、小组之间利益不同，难免出现相互逐利、不配合的情况。

由于部门之间的职能化壁垒，加之新产品开发的复杂性和对速度的要求，依靠部门之间自觉的分工协作难以保障新产品开发的质量和速度，以及对市场的反应速度。所以，需要成立跨部门团队负责新产品开发的决策、规划和实施，依据跨部门流程，通过合作的方式开展工作，确保沟通、协调和决策的高效率。

成功企业倾向于团队作战，不管是投标管理、工程合同项目实施、技术研发、新产品开发，还是设备改造，它们往往建立跨部门的项目团队，在项目经理统一管理下完成管理层赋予的项目目标。

10年来，我在全国大、中、小型企业培训《研发项目管理》300多场，大多数企业学习的目标就是管理好新产品开发项目。我发现了一个现象，大多数企业安排听课的学员是研发体系的管理干部、核心骨干。因此，我多次建议公司引入这场培训，仅靠研发部门的人员不能保证新产品成功上市，总经理、各体系“一把手”、各体系部门经理要一起学习研发项目管理。

第六节　基于矩阵管理模式进行新产品开发

在企业，如果新产品开发采用项目管理，就不可避免地采用矩阵式管理模式。在矩阵式管理模式下，PDT经理和职能部门经理共同考核项目核心成员。

近年来，IBM、HP等著名的外国企业，以及国内华为、中兴、迈瑞医疗、步步高VIVO通信、海尔、联想、英威腾、汇川技术等公司都采用矩阵式的组织结构组建项目团队。

IBM产品经理叶成辉一直在IBM的“巨型多维矩阵”中不断移动、不断提升，他认为，矩阵组织是一个很特别的环境。

叶成辉认为，公司要划分部门，按照区域、业务职能、客户群、产品系列等划分部门。20世纪90年代中期，IBM才真正组建了矩阵组织，也就是说，IBM把多种划分部门的方式有机地结合起来，其组织结构形成了立体网络——多维矩阵。

海尔集团首席执行官张瑞敏在“2011 中国自主创新年会”上，表达了自己对创新的看法。在他看来，目前的互联网时代决定了全世界的企业都要“改变自己”。

“今天的分工制、分工理论要让位于合工理论。20 世纪 90 年代，美国学者钱皮和哈默首先提出了合工理论。为什么要让位于合工理论？因为这是互联网时代决定的。互联网要的是两个字——速度。在网络上点击一下，谁能满足我的需求，我就要谁的产品。你不能对消费者说我们实施分工理论，有很多部门，这些部门协调后才能知道可不可以干。显然，消费者会离你而去，你被消费者抛弃了。所以，过去是企业决定用户，今天是消费者决定企业。你没有其他选择，只能用合工理论把原来很多分散、割裂的部门合在一起，共同满足消费者的需求，这就是今天面临的挑战。”

张总继续表达他的观点：“有一本畅销书叫作《管理 3.0》，是一个荷兰人写的。我觉得大家应该看一下这本书，非常好。它把管理分为 1.0 时代、2.0 时代、3.0 时代，1.0 时代就是泰勒的科学管理。2.0 时代是流行概念，我觉得说得非常好，有很多管理工具和概念，但都没有离开泰勒的科学管理。但今天进入了 3.0 时代，企业组织应该是一个网络组织。为什么是一个网络组织呢？因为市场是一个网络，企业网络和市场的大网络应该融合在一起。”

张总在讲话中所说的网络组织，就是矩阵式管理模式。

矩阵式管理组织相对职能式管理组织、项目式管理组织而言，具有不可多得的管理优势，它解决了职能式组织跨部门合作困难、对市场反应速度慢的问题，还解决了项目式管理组织资源不能重用、员工技能发展受到不利影响的问题。

但矩阵式管理组织给企业带来的最大的问题是管理复杂了，员工有多个领导，要求企业管理人员提高管理技能水平，和原来开拖拉机的师傅要通过学习才能开汽车是一样的道理。在矩阵模式下，员工的绩效管理是由职能经理和 PDT 经理共同评估的，不能由职能经理单方评估。

虽然矩阵式管理模式有这样或那样的缺点，但成功企业正在或者准备采用这种模式进行管理。日本丰田公司 1965 年成立规划部，全力支持项目经理工作，建立强矩阵项目形式的研发组织模式。丰田公司的强矩阵模式获得了巨大的成功，项目导向的强矩阵式管理获得了业界的认可。

我在 300 多场《研发项目管理》培训中，近百次组织学员探讨"如果企业要进行矩阵式管理，怎样保证矩阵式管理得到实施?"

学员们认为以下 3 个条件至关重要：

（1）具有任职资格的项目经理，而不是项目协调员。

（2）项目经理对来自不同部门的核心组成员具有考核权力。

（3）跨部门、全要素、"端到端"流程指导团队工作。

第七节　各业务部门并行作业进行新产品开发

市场人员把需求抛给研发部门，研发部门把样机抛给生产部门，生产部门再抛给销售部门，这是一种抛过墙式的串行开发方式。

华为通过变革，使用一致的、规范的方法进行新产品开发。这种一致的、规范的方法就是集成新产品开发（IPD）。它使公司能够更好地集成各领域并行进行新产品开发，专注于投资决策及其分析，缩短新产品开发周期。统计结果表明，并行开发新产品上市周期相对于串行开发方式缩短了 40% ~50% 。

并行工程避免了传统的抛过墙式串行研制模式带来的问题，有效地缩短了研制周期，实现流程创新。并行工程强调新产品开发相关领域并行、协同设计，主张在新产品开发过程中清除专业部门障碍及人为阻隔，从根本上摒弃抛过墙式的串行开发模式的种种缺陷。

并行工程通过组建统一的集成化新产品开发团队，由集成化新产品开发团队负责整个产品的研发工作，团队的所有成员在统一的部署下，消除了利益冲突，为共同的目标，一体化、协同、并行地开展新产品开发活动。

我于 2012—2013 年给深圳市特尔佳科技股份有限公司做 IPD 咨询，经常路过深圳市宝安区观澜大和路，当时这条路正在维修，从开始到结束用了近 1 年的时间。我发现把路挖开、地基压实，然后铺柏油、铺设人行道，都是各个管理部门串行工作，如交通管理部门把铺好的路再挖开安置交通指挥标志，电力部门把好好的路挖开铺设电力设施，绿化部门再把好好的人行道挖开植树等，没有各个管理部门认可的总体施工方案。在总体方案指导下，各部门并行作业会缩短项目周期。

第八节　制订"端到端"的新产品开发项目计划

"端到端"新产品开发项目计划是从客户需求端出发到满足客户需求端，提供"端到端"服务。"端到端"的输入端是市场，输出端也是市场。

"端到端"必须快捷、有效，流程顺畅。如果实现了快速服务，那么就降低了人工成本、财务成本、管理成本，也就是降低了运作成本。其实，"端到端"的改革就是进行内部最简单的、最科学的管理体系的改革，形成一支最精简的队伍。

新产品开发的"端到端"的项目计划，是由 PDT 经理带领跨部门的团队成员，从分析市场需求开始，为实现新产品开发的目标，把所有的活动识别出来，做到"滴水不漏"，按照工作分解结构（WBS）分层次制订出为实现新产品成功上市的全流程、全要素的完整计划。

很多企业制订的新产品开发项目计划只是制作样机的工作计划，或者只是技术实现活动的计划，不是站在市场成功的角度制订新产品开发的计划。

2010 年 8 月，我在南京一家做伺服产品的企业调研时发现，企业组建的新产品开发队伍只负责到实验室样机生成，样机测试后，开发团队就解散，然后把样机及技术文档交给试生产部门。试生产部门在试生产过程中会发现很多问题，主要是可生产性、可测试性方面的问题，而这是要靠技术解决方案解决的。于是，试生产部门找到原来的开发团队负责人希望解决问题，但这位负责人说："我们只负责到样机阶段，发现的问题由你们——试生产部门解决。"

第九节　新产品开发是 PDT 经理负责制

科技型企业的高速增长目标决定了在新技术、新产品、新市场和新领域等方面不断提出新的项目，而这些关系公司生存与发展的、具有一次性跨部门特征的项目，靠已有的职能管理系统按例行的方式管理是难以完成的，必须实行跨部门的团队运作和项目管理。因此，项目管理应与职能管理共同构成公司的基本管理方式。这是《华为基本法》中的一条。

PDT 经理在业界经常被简称为 LPDT，是新产品开发团队的领导。PDT 经理相当于一个新成立公司的首席执行官，他将新产品开发业务计划提交给决策评审委员会，并争取获得项目研发所需的资源，对新产品的业务成功负责，包括进度、质量、市场占有率、市场收益等。

PDT 经理可以来自财务、研发、市场、制造、客户服务或采购等功能体系，要经过项目经理的资质认证。但处于实行项目管理初期的企业，我建议 PDT 经理来自市场或研发体系。

PDT 经理管理新产品开发项目计划进度、预算、人员配置、资源，并向决策评审委员会汇报。PDT 经理评估并管理项目风险，整合各个职能领域决策点材料和建议书并提交给决策评审委员会，以便做出投资决策和评审。

中国许多企业目前也试图用项目管理模式管理新产品开发，但有一个致命的问题，项目经理在公司的层次较低，往往是由研发体系下面的某个研发部门的技术工程师或设计主管作为 PDT 经理，试图对新产品开发项目在市场上的成功负责，但又负不起这个责任。因为他最多只是项目协调人的角色，经历和经验、知识和能力、职位和薪酬、权力和汇报关系，都不是一个合格的 PDT 经理。

2011 年 11 月，我在福建南方路机公司调研时，员工反映：“项目经理是在技术部门找人，主要是技术工程师兼职做项目经理，其他部门人员不听他的话，团队力量不强，产品项目的成功往往压在一个人身上，到了试产还是一个人推进。”

2011 年 3 月，我在深圳特尔佳科技股份公司调研时，员工反映：“在产品开发项目启动时，产品由机械和电气两个部分组成，哪个部分在这个项目中是主要工作，就由这个领域的设计工程师做项目负责人。现在，液压缓速器开发项目的负责人是原来电涡流开发时候的技术负责人。”

在这种情况下，是无法保证项目实现最终目标的。

华为引入 IBM 管理咨询后，就着手计划培养 100 名种子项目经理，主要管理新产品开发项目、变革项目和合同履行项目，并由集团公司人力资源部门负责建立资源池进行有计划的培育。首先，要求获得外部的 PMP 认证，并在公司业务部门接受锻炼，跟随有经验的 PDT 经理做管理项目。

第三章

什么是 IPD

IPD 要培训、培训、再培训，让考试不合格者下岗。

就 IPD 来说，学得明白就上岗，学不明白就撤掉，我们就坚持这个原则，否则无法整改。

IPD 关系公司未来的生存与发展，各级组织、各级部门都要充分认识到它的重要性。

1999—2001 年，华为总裁任正非

第一节　IPD 管理模式

1992 年，IBM 遭受了巨大的经营挫折，年亏损额近 80 亿美元。为了摆脱经营困境，IBM 实施了以系统性研发管理解决方案为核心的企业再造方案。

在研发管理方面，IBM 系统引进了产品及周期优化法（简称 PACE，是美国 PRTM 公司提出的一套系统性的研发管理思想和方法），并获得了巨大的成功。1993—1998 年，总共节省了 120 亿美元的费用，硬件开发时间从 4 年缩短为 16 个月，并总结出了一套行之有效的产品开发模式——集成产品开发（IPD）。

产品开发管理系统包括很多要素或组成部分，IPD 按照图 3 - 1 的框架对这些要素进行组合。

IPD 的框架可以概括为两个跨部门团队（投资决策评审委员会和 PDT 产品开发团队）、一大流程（IPD 流程）和一系列的要素，这些要素可以归纳为跨部门团队、结构化流程、一流的子流程、考评、IPD 工具。

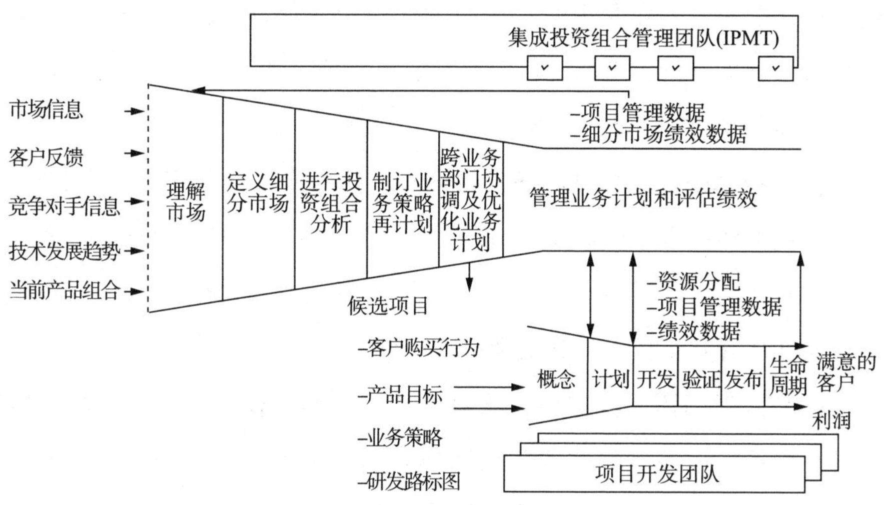

图 3－1　IPD 框架图

根据这个框架，IPD 提供了一整套运作机制（如投资决策评审委员会决策机制、PDT 组织运作机制），并展开为分层次的业务流程，直到细化为操作指南和模板。所以，IPD 作为一种产品开发模式是非常完整的，具有很强的可操作性。

在美国，IPD 作为业界最佳的产品开发模式已经得到广泛的认同。软件工程研究院（Software Engineering Institute）对 IPD 做了标准的定义：IPD 是一种面向客户需求，将贯穿产品生命周期的活动进行及时协同的产品开发系统方法。美国不少高校还专门开设了 IPD 的课程。IPD 包含的思想、模式和方法是理论与实践相结合的产物，具有巨大的生命力。

IPD 作为一套企业产品经营管理体系，包括以下核心思想。

（1）新产品开发是投资行为。要从投资的角度看待新产品开发，强调用投资的理念和方法管理新产品开发工作，主要是对新产品开发进行投资组合分析和管理，以及在新产品开发过程中进行投资决策评审，做有价值的产品、投资市场目标成功的新产品。

（2）基于市场的创新。在充分的市场分析及规划的基础上进行创新，在新产品进入开发流程之前，需要实施市场管理流程，充分开展需求分析、竞争分析、市场定位等市场管理活动。在新产品开发过程中，需要正确定义市场需求和产品概念，贯彻以客户为中心的设计。

（3）技术研发与新产品开发相分离。技术研发与新产品开发分离，关键的技术和技术平台需要在新产品开发之前由专门的团队研发出来并实现技术转化，降低新产品开发的风险、缩短新产品开发周期、提高项目可控性，有利于技术的突破和进步。

（4）跨部门团队。实施大项目经理负责制，在公司层面（而不仅仅是在技术中心层面）跨部门团队负责新产品开发的决策、规划和新产品开发实施工作，依据跨部门流程，通过协同的方式开展工作，确保沟通、协调和决策高效。

（5）结构化的并行研发流程。建立结构合理、定义清楚、“端到端”跨部门的研发流程。新产品开发的各项技术活动和职能活动并行作业，各方面的人员在一开始就参与进来，缩短研发周期，保证实现新产品质量和新产品业务目标。

（6）基于矩阵模式建立公司绩效管理机制。由原来职能模式下纵向的单一绩效管理模式，转向基于纵横网络状绩效管理。在 IPD 管理模式下，团队工作模式是完成业务工作的主要方式，这个团队是由团队经理领导、各部门人员组建而成的，团队经理具有绩效管理权力。

第二节　IPD 流程概述

什么是 IPD 流程？

IPD 流程是一种增强业务投资效果的平衡方法，目的是让跨职能部门的投资委员会根据明确的市场需求，对有限的资源进行分配。

IPD 通过对产品开发中各种最佳实践进行集成，实现对产品开发工作的有效管理，其核心是跨职能部门团队和一套规范的、关注业务的流程——IPD 流程。为了更顺利地运作，必须将流程归档、实践并不断改进。另外，该流程应该是可以衡量的，以便判断 IPD 变革在公司的进展情况。

IPD 流程是一种集成了几种主要要素，分为 6 个阶段（如图 3－2 所示），各阶段都有退出评审点的产品开发流程。IPD 流程主要是由跨职能部门的产品开发团队（PDT）和相应的投资决策管理团队驱动的，后者像投资银行家一样，根据产品组合的机会决定“特许设立”哪些 PDT，并在产品开发的各个阶段继续进行管理，在决策评审点做出继续、终止的决策。

IPD 流程不同阶段的一些活动是在某个职能部门单独进行的，还有一些活动是与其他职能部门集成在一起的。在采用 IPD 流程后，产品开发工作不再只由研发部门独自承担，而是在明确了解市场需求的前提下，其他同等的职能部门也要积极参与进来。

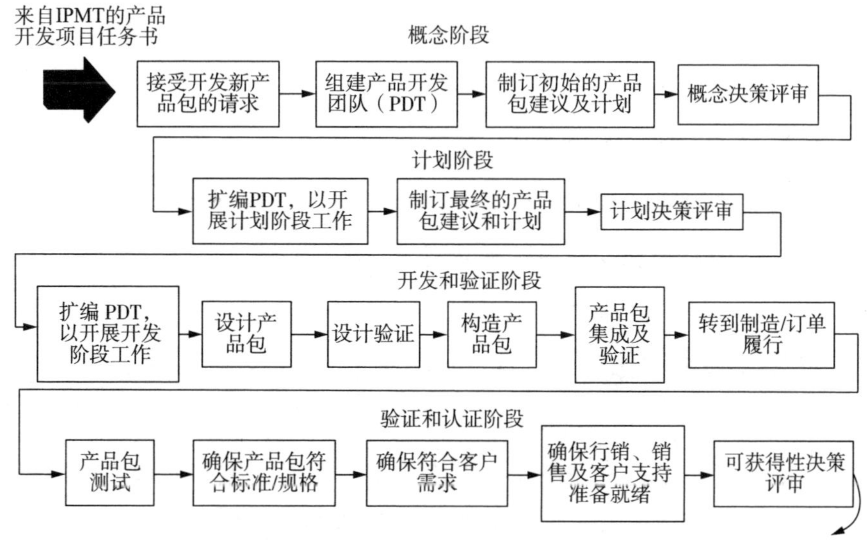

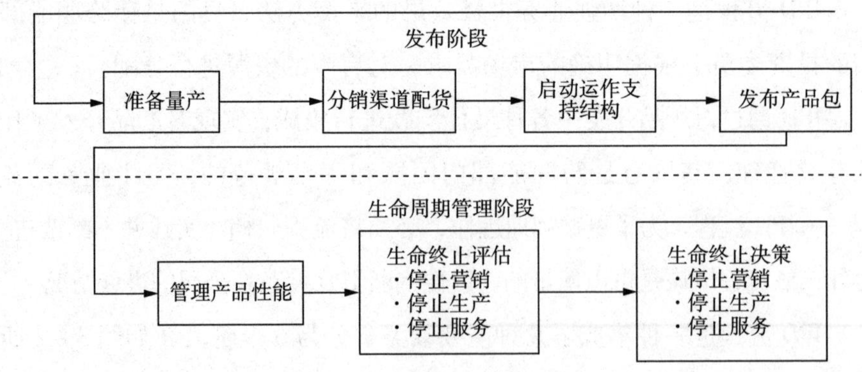

图 3－2　IPD 6 个阶段的流程图

一、IPD 概念阶段

概念阶段的目的是在市场、产品线战略和研发之间就确定的产品包定义达成一致。下面是评估概念阶段的基本检查问题：

（1）产品包的具体市场、客户需求是否明确？

（2）市场和研发部门是否同意对产品包的定义？

（3）产品包定义是否支持企业的产品线战略？

（4）产品包建议在技术上是否可行？

（5）是否明确了大致的技术路线？

（6）是否确定了成本目标？

（7）阶段退出和发布目标日期是否确定？

二、IPD 计划阶段

计划阶段的目的是对产品包做出明确的定义，包括对成本、销量、收入、发布日期的承诺，并由风险管理计划提供支持。下面是评估计划阶段的基本检查问题：

（1）承诺是否满足具体市场、客户需求？

（2）项目的风险是否可以接受？市场数据是否以事实为基础？

（3）设计是否稳定、可实现？

（4）是否制订好了供应商选择计划，明确并就构建模块达成一致？

（5）所选构建模块的提前期能否支持项目进度？

（6）项目进度是否可行，一般可获得性（GA）日期能否达到？

（7）营销和销售部门是否同意销量和收入承诺？

（8）采购、制造和研发部门是否同意成本承诺？

（9）财务上能否实现利润目标？

（10）研发是否对为实现可制造性和可服务性所需的设计更改做出承诺？

（11）制造、渠道和分销计划是否支持业务计划？

三、IPD 开发和验证阶段

开发阶段的目的是执行通过审批的最终产品包建议中所定义的产品设计，集成测试开发计划、制造计划和营销计划。下面是开发和验证阶段的基本检查问题：

（1）承诺计划是否支持具体的市场、客户需求？

（2）测试结果是否支持客户配置？是否实现了可制造性和可服务性需求？

（3）是否通过了初始产品技术评审？

（4）项目是否超出计划决策评审时承诺的范围？

（5）是否已经将初始市场发布方案分发下去并进行了评审？

（6）制造计划是否支持一般可获得性（GA）试点和产品包生命周期的销量？

四、IPD 验证和认证阶段

验证和认证阶段的目的是完成测试、验证产品、发布最终的规格和相关文档，以验证制造和市场的准备情况。下面是验证和认证阶段的基本检查问题：

（1）测试结果是否支持客户配置？

（2）项目风险是否可以接受？

（3）项目是否符合计划决策评审点做出的财务承诺？

（4）是否对最终的价格进行了审批？是否发布了定价批准书？

（5）营销和销售的交付件是否发送到各销售处？

（6）是否完成了对产品讲解师的培训？

（7）是否完成了发布前的内部公开和 Beta 测试？

（8）是否开启了订货窗口，订单履行系统是否已经准备就绪？

（9）支持量产的制造工艺是否可操作？

（10）供应商是否承诺持续供货？

（11）是否通过了验证技术评审？

五、IPD 发布阶段

发布阶段的目的是使产品按时、按量达到一般可获得性（GA）评审点，并使产品包过渡到正常的产品生命周期管理。下面是发布阶段的基本检查问题：

（1）项目进展是否支持一般可获得性（GA）？

（2）是否已经发出了最终营销和销售交付件？

（3）一般可获得性（GA）的产量是否可以达到？

（4）放量生产的产量是否与订单相匹配？

（5）是否对验证和认证阶段所有的基本问题都做出了答复？

六、IPD 生命周期管理阶段

IPD 生命周期管理阶段是从一般可获得性到产品生命周期终止的过程管理。下面是生命周期管理阶段的基本检查问题：

（1）是否收集了相关信息以支持何时停止生产的决策？

（2）是否收集了相关信息以支持何时停止营销的决策？

（3）是否收集了相关信息以支持何时停止服务的决策？

IPD 流程采用了一种分阶段的开发方法，将活动、任务和子流程组织起来，产品开发团队（PDT）将用它实现项目的目标。这种方法有助于 PDT 成员以一致的方式与投资决策评审委员会协调合作。通过对所有项目设置一致的期望，投资决策评审委员会在不影响具体的产品包执行效果的情况下，可以对本业务领域的开发项目进行管理。IPD 产品开发流程如图 3－3 所示。

IPD 还通过基于事件的评审做出产品开发决策，称为决策评审点的评审，为概念、计划和验证阶段结束时的决策提供了明确、一致和有效的流程支持。

决策评审点除了建立可衡量的界限对项目进展进行监控外，还可以使投资决策评审委员会向 PDT 提供一致的指导。PDT 要为决策评审准备材料，给投资决策评审委员会提供必要的信息，使他们能够快速地做

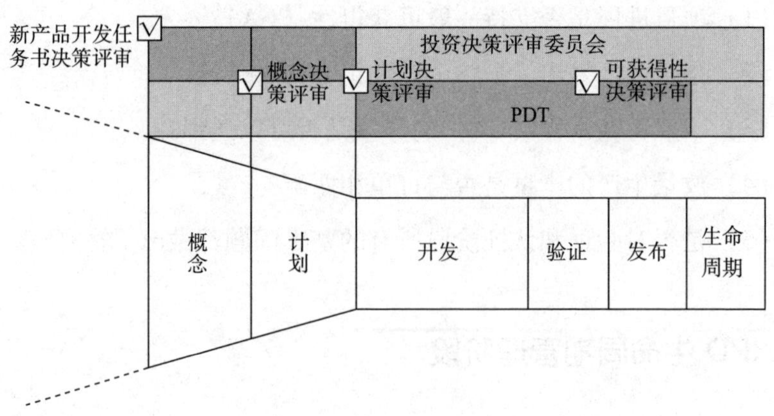

图 3-3　新产品开发流程概况图

出继续、终止、重新确定方向的决策。

如果投资决策评审委员会做出继续的决策，就意味着 PDT 可以进入开发的下一个阶段。终止的决策意味着项目被取消，所有与项目相关的工作必须停止，项目组成员需要被重新分配。重新确定方向的决策由于管道约束、竞争压力、市场需要或其他原因，要求 PDT 关注比原来更大或更小的项目范围。

第三节　IPD 团队概述

项目成功的关键是使用正式的跨职能部门团队结构，各主要职能部门派代表到团队，包含开发、市场、生产、采购、财务、制造、技术支援等部门的人员，人员层次和工作重点都有所不同。

在 IPD 中，有两类跨部门团队。一是集成组合管理团队（IPMT），属于高层管理决策层，也称为决策评审委员会。它由公司决策层人员组成，其职责是确保公司在市场上有正确的产品定位，保证项目、保证资源、控制投资。二是产品开发团队（PDT），属于项目执行层，其工作是制订具体的产品策略和业务计划，执行项目计划并保证及时完成，确保小组按计划及时地将产品投放到市场。

跨职能部门的团队将重心从单个职能部门（如市场或开发）变为产品管理模式或项目管理模式，这种方式被称为基于项目的业务模型。团队成员将本部门的专业知识带到项目组，而且他们所代表的职能领域将成为支撑项目组工作的中流砥柱。

在跨职能部门的团队设置中，所有团队成员根据某个项目合同、项目进度和绩效指标，对共同的目标做出承诺。PDT 经理会与各位 PDT 代表的部门主管沟通项目的目标，把这些内容加进 PDT 代表的个人业务承诺（PBC）中。个人的成功与团队的成功是联系在一起的，团队成员共同努力是保证跨职能部门团队顺利和成功运作的关键。

这里所说的团队是指由最少 2 个人、最多 25 个人组成的群体，组成团队最合理的人数是 8 ~ 12 人。团队成员应该具备良好的技能——技术或职能领域的专门知识、解决问题和进行决策的技能、处理人际问题的技能，如富有冒险精神，能够提出建设性的批评意见，客观地处理问题，能够主动倾听问题并愿意提供支持。

跨职能部门团队的考评是单独进行的。所有团队成员针对共同的目的与绩效目标做出承诺，公司管理者在公司绩效要求的范围内，确定他们的权力范围，提供指导。

跨职能部门团队采用的方法也是相同的，这种方法是团队成员之间活动交往的契约。这个活动契约与他们的目的相联系，指导他们以什么样的方式一起工作。根据团队的目的和目标，活动交往契约总是在不断调整的。团队成员还要对彼此负责，这样会使他们自然地成为伙伴，共同确定团队的目的、绩效目标与方法，相互负责的结果是团队成员间的相互承诺、彼此信任和良好的效果。

简单地说，跨职能部门团队能够推动各职能领域之间的沟通。这种结构可以促进各功能部门相互协作，并通过清楚、明确的角色定义，确定各部门对整个项目应负的职责。

放权给这个团队，让他们成为主人，向他们指明决策的方向，免去过于冗杂的评审流程，能够使决策的效果得到改善。最后，这种团队结构在财务评估、产品质量、产品上市时间和成本方面都能取得更好的效果。这种团队结构可以保证所有的观点在团队中都能得到体现，而且团队是对大家共同确定的方向和做出的决策进行承诺。

投资决策评审委员会、PDT、职能部门团队共同组成了公司新产品开发相关的团队组织结构，保证集成产品开发 IPD 流程有效运作。

第四节　中国企业新产品开发管理需要 IPD

IPD 自 1998 年登陆中国，至今已经走过了 16 个年头。与很多流行一时的管理概念或模式不同，IPD 没有华丽的外表，也没有哗众取宠的噱头，却默默地改变着国内企业的研发管理现状。

华为是第一家引进和实施 IPD 的中国企业，也是受益最大的中国企业。在 1999 年年初 IPD 项目的启动会议上，咨询方 IBM 的项目经理说："IPD 将优化华为的整体运作！" 当时华为人半信半疑，几年下来，IPD 确实帮助华为建立了世界级的研发管理体系，并优化了华为的整体运行。

除了华为，中兴、方太、许继电气、优特科技、金发科技、英威腾等国内企业都实施了完整的 IPD 解决方案，这些企业绝大多数是在咨询公司的帮助下实施，并取得了预期的效果。

截至 2004 年 11 月 30 日，方太同时在线产品开发项目为 43 个，2003 年同期不到 15 个，且研发人员不到 2003 年同期的 20%。2004 年项目按时完成率为 80%，平均研发周期比 2003 年缩短了近 50%。方太的实践显示了 IPD 为企业带来的巨大收益。

我在国内推广 IPD 的过程中，一些人经常质疑 IPD 的适用性，以为 IPD 只适用于 IBM、华为等大企业。其实不然，IPD 是总结了新产品开发各方面的优秀理论和实践而形成的，是业界最佳产品开发方法的集合。所以，IPD 思想和方法具有普遍的适用性，而且它具有集成性和系统性的优势。

当然，IPD 也不是万能的、唯一的研发管理系统，研发管理的思想和方法一直在不断发展，IPD 也是研发管理发展过程中的管理模式之一。我认为，企业在追求研发管理进步的进程中，用什么名字的研发管理模式并不重要，关键在于采用系统性的解决方案。

第四章
新产品开发的决策评审

对公司来说，项目选择是一项必须做的工作，其目的是要把公司稀缺的研发资源用在刀刃上，用在值得做的项目上。采用压强原则，可以把研发资源很好地集中起来，最终加快研发项目的进程，提高产品质量，增加单款产品的收益。

第一节　新产品开发需要投资决策评审

我在一个防雷器新产品开发企业调研研发管理方面的情况，公司主管研发的罗副总经理接待了我。他 40 多岁，在这个岗位工作了 6 年多，对目前公司研发管理现状很不满意，也很困惑。

他向我抱怨："新产品开发任务和研发资源严重不匹配，公司对所有销售人员反馈的客户需求有求必应，不能说'不'，因为公司要求以市场为导向。客户要什么，我们就要研发出什么。公司有 300 多人，研发人员有 50 多人，但规格产品有 700 多种，还有 30 多个产品规格研发的需求等着研发部门满足。可是许多产品竞争力不强，销售并没有上量，有的甚至只卖一两台。"

这种状况给生产、采购也带来了许多麻烦。比如，就生产线而言，要不断地切线，切线的时间甚至比生产的时间还多。采购的压力也很大，公司想降低采购成本，但是采购的量少，供应商的积极性并不高。和供应商谈判时，供应商对我们说："你们一次采购量那么少，要的又急，又想和我们谈判压价，算了，不和你们玩了。"

"小量多样"的新产品开发状况也给研发队伍带来了许多问题，研发人员疲于奔命，被动地接受销售人员扔过来的一个又一个研发任务，而且销售人员要得又急。俗话说：“萝卜快了不洗泥。”质量出了问题要面监销售人员的指责，研发慢了也要受到指责，研发人员没有成就感。去年，研发中心主任干脆辞职到竞争对手那里了。

罗副总经理向我反映了很多问题，可见，这些问题已经困扰他许久了。

我问：“在公司现有的 700 多种规格产品中，占公司年度销售收入 80% 的产品有多少？”

罗副总经理想了想说：“公司没有明确统计过，但根据判断，60 多个规格的产品可以贡献 80% 以上的年度销售收入。”

罗副总经理反映的现象，不是他们公司特有的，其他企业也普遍存在这些现象：销售人员不断地向研发部门提需求，研发人员忙得焦头烂额。这就显得研发资源不够用，也保证不了新产品的质量，走向市场也不上量。企业的资源总是有限的，而且研发人员总是很稀少、很宝贵。事实上，许多企业将有限的宝贵资源浪费在错误的项目上。

许多企业掉进了陷阱　　试图实施更多的项目，有了市场机会，不经分析、不加选择照单全收，却没有足够的资源把这些项目做好。结果，项目周期延长、质量等级降低，把一个质量低劣的产品卖给客户，客户并不满意，给客户留下三流的企业品牌印象。

加拿大新产品开发管理专家罗伯特·G. 库珀在他的专著《新产品开发流程管理》中，描述了一个研究成果：“在我们的新产品项目研究中，发现产品概念筛选是整个新产品开发流程中最薄弱的环节，概念筛选工作只占所研究案例的 12%，而且 37% 的项目在进入研发阶段之前没有经过商业或财务分析，有 65% 的项目没有做上市商业分析。”

新产品开发管理，就用 IPD

管理成功的企业一般都会建立产品决策评审委员会，这是由公司高层管理者组建的一个跨体系团队，对公司的新产品开发机会进行决策评审，或者授权产品管理团队对较小的投资机会进行评审，在新产品开发流程的前端设置正式的决策评审点。采用这种业务决策评审方式就像漏斗过滤，漏斗的上面是源源不断的需求机会，销售人员、服务人员、市场营销人员等得到市场机会，都可以向漏斗的前端反馈需求，我们在一开始就要过滤掉那些没有市场前景的项目，终止市场机会差的项目。公司研发资源响应市场机会相对较好的项目，避免出现研发任务和资源严重不匹配的现象。

在研发流程的早期阶段识别出这些错误项目的能力（在许多资源投入之前)，是改善新产品、获利的关键。

我在 2008 年年初给广东步步高通信电子公司做过研发管理咨询。咨询前，公司有 300 多位研发人员，每年研发 40 多款手机产品，但能达到预期收入目标的也就十几款，公司年销售收入 20 多亿元。在引入研发管理咨询后，公司建立了新产品开发决策评审委员会，在新产品开发流程中设置了产品概念决策和计划决策评审点。对于市场人员提出的新产品开发需求，先经过系统性的市场分析，如对细分市场定位、用户的需求、市场的容量、竞争对手的情况、财务收益进行分析，并对公司的资源能力进行分析，然后评审委员会正式做出决策，才能正式立项。2010 年年底，步步高通信电子公司的研发人员翻倍，有 600 多人，但是，公司一年新立项研发的产品数量反而减少了。2010 年立项不到 30 款手机，但达到预期收益目标的有 20 多款。也就是说，单个产品的销售收入额增加了，2010 年的销售收入为 50 多亿元。

第二节　建立投资决策评审委员会

投资决策评审委员会由公司各个体系的高层管理者组成，其职责为分配资源给符合公司发展战略及预期收益高的项目、通过或否决新产品开发项目业务计划、按计划给通过的项目投入相应的资源。

投资决策评审委员会要在一些特定的决策评审点对 PDT 的工作进行审查，并做出项目继续、项目终止、项目改向的决策。在各决策评审点之间的时间内，投资决策评审委员会授权 PDT 管理开发项目。

与投资决策评审委员会签订合同的主体 PDT 组织，对 PDT 经理及核心组成员来说，在新产品开发的概念阶段，要制订出项目完整的《产品业务计划》。在计划决策评审时，要与投资决策评审委员会签订新产品开发项目合同书，投资决策评审委员会按合同对 PDT 进行管理。

投资决策评审委员会秘书机构为产品管理办公室，投资决策评审委员会秘书在投资决策工作中协助投资决策评审委员会履行有关职责。

一、投资决策评审委员会及其职责

投资决策评审委员会是 IPD 体系中的产品投资决策和评审机构，负责制订公司总的使命、愿景和战略方向，并推动研发、市场、销售、服务和供应链等部门全流程的协作，它是一个高层跨部门团队，成员包括各个部门最高主管。

投资决策评审委员会职责体现在以下几个方面。

（1）公司总体管理职责。

（2）明确公司的使命、目标、战略和业务计划并向各职能体系发布。

（3）审批公司技术、产品路标，确保与公司战略目标保持一致。

（4）审批重要的技术、产品项目投资。

（5）新产品开发管理职责。

（6）激励和管理 PDT 的绩效与行为。

（7）根据在决策评审点达成一致的意见，把各种资源分配给 PDT。

（8）新产品开发项目任务书的审批。

（9）PDT 的决策评审：继续、终止、改向决策。

（10）审批 PDT 变更计划。

投资决策评审委员会团队包括各个职能部门的最高领导，他们代表各个职能领域。这样的团队可以解决有关新产品开发的任何管理问题和决策问题。也就是说，这个团队解决不了的管理问题，肯定也成为新产品开发团队的障碍。

高层团队之间能够配合和互补，必须实现“1 + 1 > 2”的效果。投资决策评审委员会团队要表现出强大的凝聚力，否则，高层的冲突必然在下级员工中表现出来，降低开发团队的效率。

做决策时要综合各方面的意见，考虑各种决策对象、决策因素之间的相互关系，发挥集体决策的优势。

二、投资决策评审委员会如何高效运作

在 IPD 实施初期，如何高效运作投资决策评审委员会？下面是我在咨询实践中得出的一些经验。

（一）企业最高领导的全力支持

企业高层领导担心 IPD 体系是否适合的问题，在引入体系阶段前期（调研和体系设计阶段）就应当彻底解决。在实施过程中，即便有各种各样的问题，也不能对整个体系产生怀疑，要积极解决问题。

一旦 IPD 运行有困难，比如，跨部门合作往往需要高层出面协调解决，而高层对体系的怀疑或犹豫不决会增加问题的困难程度，也会打击实施人员的信心，带来更多的问题，最终导致恶性循环。

IBM 在推行 IPD 的时候，时任 CEO 的郭士纳强调："我们准备按照 IPD 经营公司。"任正非也多次指出："IPD 关系到华为的生死存亡！"

（二）不能急于求成

IPD 好比一副长效药，就企业存在的管理问题，期望 IPD "药到病除"是非常危险的，会让试点工作不能脚踏实地地进行，不利于全面推行体系。

施炜在《大批企业死在"朝圣"华为的路上，为什么》一文中指出：许多企业在拼命学习华为的管理，华为一有新故事，大家就津津乐道；任正非一有新文章，必定广为流传；有关华为的培训课程，始终是企业培训市场上的热门产品。但是一些企业不愿学的恰恰是华为所遵循的管理普遍规律和原理，规律和原理具有普遍性和可复制性，怎么会"学不会"呢？有的企业长期沉溺于自身特殊的经验中，总是幻想通过超越客观规律赢得竞争，投机、走捷径的心理难改。

任何管理变革产生效果都需要时间，当涉及公司整体流程和观念变革时更是如此。同时，试点阶段还要检验体系设计本身，在试点过程中除了要完成试点项目，还要时刻关注体系和流程本身的完善和优化。

一般来说，新体系的运行会导致新产品开发项目组做一些以前没有认真做的工作，或者遗漏的工作，或者一部分工作要用以前没有重视的知识，这些工作会导致研发周期延长。

所以，评价 IPD 给企业带来的效果要用长期的、整体的观点。在实施过程中，试点项目部分研发绩效指标可能下降，比如，研发周期、问题解决周期等。实施阶段的绩效管理要侧重于考核跨部门团队合作、流程优化、知识积累等“软性指标”。

（三）处理好新旧体系之间的关系

IPD 体系实施一般采用先试点再推广的方式，这样一来，在新体系没有覆盖所有研发项目之前，公司存在新旧两套管理体系。

在不影响整体实施步骤的前提下，旧体系也可以采用新体系的理念和方法。比如，新产品开发如果没有进行市场调研，就可以在旧体系运行的项目中加大市场调研力度，并采用新体系的模板。在新体系运行的过程中，也不能一下子抛弃旧体系所有成功实践的东西，因为 IPD 体系的建立是一个改良活动。

投资决策评审委员会成员一定要清楚两套体系的运作规则，不能混淆。出现问题时，要看是哪个体系出了问题。

（四）构建民主决策机制

投资决策评审委员会所承担的决策工作，以前往往是由企业总经理、研发主管或市场主管承担，IPD 体系丰富了决策工作的参与角色，并对决策的内容和标准进行了详细定义。

投资决策评审委员会不同于很多企业的“委员会”，后者往往只承担参谋角色，最后还是个人拍板决定。投资决策评审委员会会议避免投资决策评审委员会主任一言堂。其他成员只是参谋，这样的决策不是民主决策，特别是公司规模壮大后。只有经过充分讨论，对各种可能出现的问题有充分理解，决策质量才会提高，决策才能得到良好的执行。

（五）投资决策评审委员会成员要深刻理解 IPD 体系

虽然投资决策评审委员会成员一般都是 IPD 咨询项目组成员，全程参与 IPD 体系设计，但保障机制并未完全建立，习惯将新产品开发看成是研发部门的事，不会投入太多精力研究和领会 IPD 体系的内涵。从我的咨询经历来看，特别是销售体系的负责人，对 IPD 咨询项目意愿更不强烈。

除了要理解 IPD 体系本身，还要建立跨部门合作理念。国内绝大多数企业都是以职能部门为主线搭建组织结构，很多企业还强调部门负责制来强化部门意识。IPD 体系的推行，很多阻力来自狭隘的“部门负责制”。

（六）做好会议管理

投资决策评审委员会的大多数决策都通过会议的形式进行。投资决策评审委员会会议同时也是一个承诺会议，在会议上，做出决策的同时，各个职能部门高层也做了给 PDT 提供资源的承诺。所以，会议管理非常重要，除了要遵循一般的会议管理规则外，还需要做好以下几点。

（1）会议日历

随着 IPD 体系的运作，逐步将投资决策评审委员会会议固定下来。

投资决策评审委员会成员都是公司高层，非常忙，为了便于管理，可以将会议类型和日程固定下来以日历的形式发给各个成员或其秘书，将其作为日常重要工作之一。比如，南方路机公司将月度总经理办公会上其中一个程序作为新产品投资决策评审会工作；步步高每周召开高层会议，对产品开发项目进行决策评审。当 PDT 等研发执行团队和其他部门有事务需要投资决策评审委员会处理时，可以参照这些固定的日程提交议题。投资决策评审委员会的执行机构要做好议题收集和会议通知工作。

（2）会前充分准备和沟通

投资决策评审委员会会议是否有效，还在于成员是否做好会前准备工作。会议中每个议题的决策时间有限，不可能在会议过程中临时阅读相关材料。在会议召开前，投资决策评审委员会秘书要将会议相关资料发给投资决策评审委员会成员，以便做好预审工作。投资决策评审委员会成员除通过自己对决策事务的了解做出判断外，还要让本部门的相关人员了解决策材料。比如，PDT 团队中的本职职能领域代表认为资料不齐全，可以要求补充材料。如果认为条件不成熟，也可以通过秘书机构要求会议改期。

（3）会议跟踪

会议结束后，投资决策评审委员会秘书要及时发布会议结果并跟踪问题。因为投资决策评审委员会的承诺者都是公司高层，这就要求赋予秘书机构足够的权力，必要时对投资决策评审委员会成员进行考核。

第三节　新产品开发过程中投资决策管理

公司进行产品投资决策基于资源的有限性，以及有限的资源要投到最有效益的产品上。企业新产品开发投资战略为聚焦核心业务、收缩非核心产品、提高核心竞争力，进行产品投资决策的权力机构是投资决策评审委员会。

一、新产品开发投资决策点概述

新产品开发项目包括 6 个阶段：概念阶段、计划阶段、开发阶段、验证阶段、发布阶段和生命周期管理阶段。在新产品开发项目进展过程中，决策评审委员会要对新产品开发项目进行过程中决策评审，目的是了解项目进展、做出决策、向 PDT 团队承诺提供资源。

PDT 承接了投资决策评审委员会的一个新产品开发项目任务后，启动 IPD 流程，按阶段在概念、计划、发布、生命周期终止 4 个决策评审点及合同执行过程中，波动幅度超出合同规定，提请投资决策评审委员会进行例外审视时，要用到决策评审操作制度和流程。

二、IPD 中的决策评审

决策评审是投资决策评审委员会管理产品投资的重要手段，在决策评审中，投资决策评审委员会始终站在投资商的角度进行评审；集成新产品开发（IPD）流程包括 4 个主要的决策评审点：概念决策评审、计划决策评审、可获得性评审/发布前决策评审、生命周期终止决策评审。决策评审点使投资决策评审委员会为 PDT 提供了一致的方向，也设置了监控项目进展的测评点及边界范围。在各个决策评审点上，投资决策评审委员会的角色都有明确的定义，要考虑以下重点。

（1）确保新产品开发团队（PDT）得到使项目成功所必需的资源。

（2）批准或否决 PDT 核心组及外围组的组成方式及人员构成。

（3）确保产品符合公司的业务战略、目标及核心能力。

（4）做出继续或终止的决策，将资源用于关键的项目。

（一）概念决策评审

新产品开发的概念阶段结束时要召开一个概念决策评审会。在会议上，PDT 正式向投资决策评审委员会报告初始的新产品开发业务计划，由投资决策评审委员会决定项目是继续还是终止。

在初始的业务计划中，PDT 将给出：针对拟定目标细分市场存在的机会分析、目标客户群、拟研发的产品描述、成本及风险估计、初始销量预测及初始财务评估。若初始的业务计划得到批准，投资决策评审委员会将做出下一阶段开始前所需的资源承诺，项目进入计划阶段。

（二）计划决策评审

在计划阶段结束时要召开计划决策评审会。在会议上，PDT 向投资决策评审委员会展示最终新产品开发业务计划和决策合同，由投资决策评审委员会做出继续、终止、改向的决策。

最终的业务计划以初始的业务计划为基础，提供更多的细节内容及对计划的承诺。若业务计划获得批准，PDT 与投资决策评审委员会签订合同，合同中列出允许的偏差，项目进入研发阶段。合同代表了投资决策评审委员会做出的坚实承诺，即每个部门都将支持项目，以及给 PDT 提供必要的资源；PDT 承诺按合同要求实现项目的交付目标。

（三）可获得性评审/发布前决策评审

这是产品正式发布及推向市场前的最终决策评审，需要投资决策评审委员会明确做出继续、终止的决策。

可获得性决策评审应在任何主要的发布费用投入之前进行，目的是证实在计划阶段制订的业务计划中的估计和假设，并评估产品发布前PDT的准备情况。

在可获得性决策评审会议上，PDT正式向投资决策评审委员会提出建议，由投资决策评审委员会做出继续、终止的决策。若产品获得批准，则由投资决策评审委员会分配资金，项目进入发布阶段。

（四）生命周期终止决策评审

生命周期阶段有3个检查点：停止生产、停止销售和停止服务与支持。

（1）停止生产决策

在停止生产阶段，团队必须对生产情况进行监控，保证及时停止产品/产品包的生产。该检查点对产品的生产进行监控，根据主要指标对产品的表现进行评估。停止生产决策的结果是把备件转给技术支援，执行停止生产活动的决策。

（2）停止销售决策

停止销售阶段的活动关注对产品/产品包的销售情况和持续获利能力的评估。在这个检查点上，团队检查是否实现了主要的产品指标，如销量和获利能力。停止销售决策的结果是发布产品退出市场，执行停止销售活动决策。

（3）停止服务与支持决策

停止服务与支持活动是对产品/产品包的支持与服务进行监控，包括及时在市场上撤回对产品的支持与服务。在这个检查点上，团队会对服务与支持情况进行审视，根据主要指标对服务与支持的表现进行评估。停止服务与支持决策的结果是对外公布停止服务与支持，清除基础设施。

（五）临时性的决策评审

没有计划的临时性决策评审源自开发过程中出现的事件，如项目合同书中关键内容的改变或没有预料到的市场或竞争情况的变化。若竞争对手出乎意料地推出了一款新产品并且使竞争形势发生变化，此时，PDT 可以要求召开临时性的决策评审会。PDT 要对形势进行分析，向投资决策评审委员会报告并给出行动建议；投资决策评审委员会将在决策评审会上做出继续、终止的决策。

第五章

建立市场导向的开发准则

满足客户需求是我们生存的唯一理由。

我们的商业模式是以客户需求为导向。

——任正非

第一节　抛弃唯技术至上情结

我在某公司调研，访谈一名研发工程师。2003 年，他硕士毕业，在这家公司做新产品开发已有 8 年光景。问起最近的工作状态，给了两个字："郁闷！"他坦言 8 年的光景只专注于一两个产品的持续改进，一点儿激情都没有。"这两个产品太老了，弄来弄去也就是那么回事。我已经向领导提出来了，一定要做新技术研发，钻研更新的技术，研发科技含量更高的产品。如果领导不同意，我宁愿跳槽，也不碰这两个产品了。"

虽说企业所处的行业不同、经营规模不同、发展阶段不同，但有一点却是惊人地相似，即开发工程师身上强烈的"创新情结"。"创新、创新、再创新"是他们永恒的追求，甚至在创新过程中，忘记了客户是谁，忘记了竞争对手是谁。他们期望新的开发领域、新的产品、新的技术，如果脱离了"新"，他们似乎就丢失了灵魂。

步步高 VIVO 公司用户体验部部长周伟新曾有所感悟：开发新产品的时候，技术人员想的是用什么样的技术教育用户，让用户感觉技术很牛。但用户选择产品的时候往往考虑好不好用，到底能解决什么问题。

对用户来说，用什么技术并不重要，关键是用户感觉是否好用、能否解决用户关心的问题。

企业的使命是开发新产品满足客户持续成长的需要，通过为客户创造价值满足企业自身成长需要。客户购买的是新产品，而不是技术。到底什么是新产品呢？只有技术先进的产品才是新产品吗？

如图 5 - 1 所示，新产品从市场、技术、企业三个角度定义，可以分为 6 种。

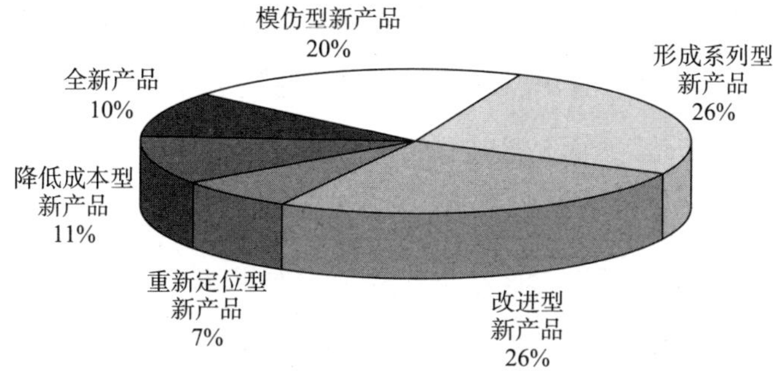

图 5 - 1　企业研发项目类型

（1）全新产品：是指应用新原理、新技术、新材料，具有新结构、新功能的产品。该新产品在全世界首先开发，能开创全新的市场。它占新产品的比例为 10%。

（2）降低成本型新产品：以较低的成本提供同样性能的新产品，主要是指企业利用新科技、改进生产工艺或提高生产效率，削减原产品的成本，但保持原有功能不变的新产品。这种新产品的比重为 11%。

（3）重新定位型新产品：企业的老产品进入新的市场而被称为该市场的新产品。这类新产品约占全部新产品的 7%。

（4）改进型新产品：是指在原有老产品的基础上改进，使产品在结构、功能、品质、花色、款式及包装上有新的特点和新的突破，改进后的新产品，结构更加合理、功能更加齐全、品质更好，更能满足消费者不断变化的需求。它占新产品的比例为 26%。

（5）形成系列型新产品：是指在原有的产品大类中开发出新的品种、花色、规格等，从而与企业原有产品形成系列，扩大产品的目标市场。该类新产品占新产品的比例为 26%。

（6）模仿型新产品：是企业对国内外市场上已有的产品进行模仿生产，称为本企业的新产品。模仿型新产品占新产品的比例为 20%。

不少企业一谈起新产品，特别是技术人员，眼睛就发亮了，似乎只有“全新产品”才是名副其实的新产品，才能提起他们的兴趣。事实上，从图 5-1 就可以看出，90% 满足人类需求、促进社会进步的产品并不是“全新产品”，而是改进型、模仿型、系列型产品。

国内整体研发实力最强的华为，获得英国知名杂志《经济学人》2010 年度公司创新大奖。华为拥有各类专利两万多项，几乎没有一项是新原理、新技术、新材料的“首先研发产品”。华为之所以能在短短的 20 多年里挤入世界通信行业第一阵营，靠的就是购买“首先研发产品”专利后，自身在工艺、性能、结构等方面的创新，通过整体方案最佳性价比的优势，赢得了竞争优势。

国内家电行业的美的电器，在产品开发上从不盲目创新，而是采用跟随策略，深刻理解相关企业“首创产品”的优点和劣势后，差异化地开发出更能满足客户需求的“好产品”，“后来者居上”更能显示出势不可挡的强大威力及实力。美的豆浆机、微波炉、变频空调都在短时期内登上了“霸主”的位置，原因在于美的将“模仿型创新”发挥得淋漓尽致。

家电巨头海尔兼并过许多企业，如贵州风华冰箱厂，开始生产民用冰箱，该企业在市场上难以为继，请海尔收购。张瑞敏前往考察，结果大吃一惊：这个厂的技术力量雄厚，正研究员就有 200 多人，优良的技术装备也出人意料。经过两天的了解，张瑞敏发现问题出在技术水平上，他告诉企业领导："厂子的优势是技术力量强，劣势是技术力量太强，技术强大到不知市场在哪里，忘记了客户是谁。"

要以市场为导向开发产品，市场上需要什么产品，公司就开发什么产品，有时这些产品的技术不一定是世界先进水平。技术人员要有工程商人的意识，所谓工程商人，就是要从投资收益的角度看待研发工作，要从对技术成功负责转变为对市场成功负责，要从技术驱动变为市场驱动。

华为为了完成从技术人员到工程商人的转变，采取了许多相关的配套措施：文化引导，强调技术商业化，坚决不研发"卖不掉的世界顶尖技术，卖出去的技术才有价值"；没有市场一线经验的研发人员不能提拔；成立战略市场部，主要由技术工程师出身的人员担任；从市场的角度考核研发人员，考核研发人员的不仅仅是技术成功、开发周期维度，还有新产品获利、上市周期等指标。

【赛迪网讯】2006 年 4 月 3 日消息，据外电报道，全球最大的宽带互联网设备制造商阿尔卡特日前宣布，将以价值 134 亿美元的股票收购朗讯科技公司，这意味着脱胎于老牌科技公司的朗讯从此消失。

【国外媒体】北京时间 2008 年 8 月 7 日消息，据国外媒体报道，阿尔卡特朗讯已经将拥有 46 年历史的贝尔实验室大楼出售，房地产商 Somerest 购得这座失去昔日荣耀的建筑，计划将其改建为商场和住宅楼。

为什么朗讯、贝尔实验室会以这样的结果收场？一个重要原因是科研与市场脱离，研发项目唯技术至上，而不是关心如何转化到产品中、如何吸引客户，虽然技术很先进，但客户不需要，最终竹篮打水一场空。这个案例再次提醒企业管理者，企业不是国家资助的研究机构，企业生存的理由是满足客户的需求。

第二节　落实新产品开发的市场导向

在创业期，企业在生存和竞争压力的驱使下，必须面向客户需求推出具有差异性优势的产品和服务，自然就形成了市场导向的研发运行机制。

当企业发展到一定规模后，虽然一直在强调市场导向的理念，但在新产品开发实际工作中并未体现出市场导向，具体表现如下。

（1）虽然成立了市场部，但重点是产品销售、品牌推广和新产品销售推广，而不是对市场进行深入的研究，无法提供有效的客户需求信息，对竞争情报的了解不充分。

（2）由于前端部门无法提供系统、明确的客户需求，只能由研发中心根据模糊的、不系统的需求想当然地定义产品设计需求，这样定义的需求难以有效满足客户的实际需求。

（3）产品立项往往根据销售部门的反馈或由总经理随机提出，存在盲目性，新产品开发的成功率不到 30%。

（4）产品开发项目经理主要关注产品能否推向市场，而不是能否取得市场成功。

（5）产品开发基本上被看作是研发部门的事情，其他部门只是配合和帮助，而且各部门协调困难。

IPD体系建设不仅能帮助公司设计新产品开发管理体系，还能关注如何在新产品开发过程中贯彻市场导向的理念。主要采用以下几方面的举措。

（1）解释和宣传贯彻市场导向的理念，帮助企业员工理解市场导向的真实内涵。市场导向是客户需求导向和竞争导向的结合和平衡，而客户需求导向有三个误区。一是客户要什么就做什么，这是被动的客户需求导向；二是销售人员要什么就做什么，这是销售和短期导向；三是以为客户要什么就做什么，这是自我导向或技术导向。真正的市场导向是基于细分市场客户群的导向、客户群中主要客户的导向，既然把他们放在一个细分市场，也是因为他们有共同的需求，把这些共性需求作为新产品开发依据。

（2）加强市场部门建设，让市场部门回归本源的定位，即市场信息、规划、品牌、推广4个方面的职能定位。在信息方面，一是加强客户需求收集、分析和传递工作；二是专门设立竞争情报主管，强化竞争情报的收集和整理。

（3）打破职能化壁垒，建立市场导向的研发组织结构。职能组织结构因为部门利益的局限性很难做到以市场为导向，所以，需要在职能组织的基础上建立跨部门团队组织结构。这些团队直接面向市场进行决策、规划、管理或执行，直接对市场成功负责。而各部门派出的跨部门团队成员直接、密切地接触客户，各部门主管通过跨部门成员了解客户需求，真正做到以外部客户为中心。

（4）建立以市场为导向的IPD开发流程。传统的开发流程往往站在开发者的角度理解和定义需求，只关注技术实现的相关领域，如硬件、软件、结构等。IPD开发流程关注业务实现的流程，在开发过程中不仅要完成技术领域的相关开发工作，还要完成市场、销售、制造、服务、财务等领域的工作，同时在开发前期做好充分的市场需求分析和定义工作，而且是从客户角度完成的。

通过上述措施的落实，真正建立以市场为导向的研发机制，具体体现在日常的研发工作中。

第三节　系统收集客户需求

产品竞争力来源于对客户需求的透彻理解，只有透彻理解客户需求，才能开发出有竞争力的新产品。很多产品因为没有很好地理解客户需求，导致开发出的新产品不受欢迎，最主要的原因在于：一是对客户需求缺乏全面的了解和分析，二是未能把握关键差异性客户需求。

我们分析客户需求，往往局限于产品的功能、性能。其实，客户需求的各个方面，如外观、安装简便性、产品易用性、使用安全性、可维护性、使用成本等，都可能成为决定产品竞争力的重要因素。

要系统理解客户需求，提升产品竞争力，全面了解和分析客户需求，包括客户从认识、接触产品开始到购买、使用产品，最后到废弃产品的整个生命周期，如图 5－2 所示。

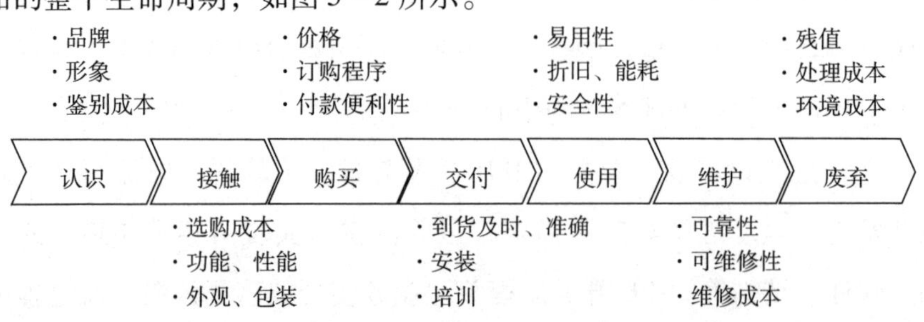

图 5－2　产品全生命周期客户需求分析图

第一，要考虑客户认识产品过程中的需求。品牌能否满足客户心理安全需求？形象能否满足客户显示地位的需求、对风格的需求？能否满足客户低成本鉴别的需求？等等。

据统计，六成以上的快速消费品购买者选择知名品牌产品的主要原因在于难以鉴别产品好坏，鉴别成本比产品之间的差价高很多。

一家做蓝牙耳机的企业最近非常苦恼，其新研制成功的蓝牙耳机具有良好的品质和外观，但该企业一直以来做零部件产品，其品牌在大众消费者心目中几乎没有影响力，只能暂时放弃自主品牌，重点发展代工业务。

第二，要分析客户接触产品过程中的需求。渠道安排能否满足客户低成本选购的需求？能否给客户一个舒适的选购环境？产品外观能否满足客户的审美需求？能否让客户赏心悦目？

三星推出的D608滑盖手机风靡一时，创纪录地保持畅销1年多，就是因为其精妙的造型，三星也正是依靠其独步天下的外观成为排名第四的手机厂商。客户接触到产品的时候，非常关注产品的功能、性能，这时，产品展现出来的功能和性能能否迅速吸引客户的注意力？能否满足客户的偏好？

第三，要分析客户做出购买及下订单过程中的需求。价格是否合适？订购程序是否简单？付款是否便利？这些因素都将影响成交。一位朋友在使用了几家拍卖网站后，最终还是选择在淘宝网上购买商品，因为淘宝网的订购程序更方便，付款也更便利。

第四，要分析产品交付过程中的客户需求。大件产品或功能复杂的产品，需要一个交付过程，所以，交付过程的客户需求也很重要。能否及时到货？安装是否简便快速？培训是否充分、清楚？

上海一家生产大型港口起重、装卸机械的企业，由于改进了塔吊机的安装方式，将现场安装改为非现场安装，预先将塔吊机安装好，然后用轮船运进港口，通过导轨将塔吊机送到现场，只需打几个地桩就能完成安装，既不耽误客户港口作业，又降低了安装费用。尤其是出口欧美的塔吊机，由于避免了雇用当地费用高昂的港口施工队进行安装，每台塔吊机节省 2 万多美元的安装费用，产品竞争力大幅增强。

第五，要分析客户使用产品过程中的需求。对耐用消费品、功能复杂的工业品而言，交付完成仅仅满足了一小部分客户需求，还要满足客户使用后的需求，除了基本功能、性能外，能否让客户方便使用？能否满足客户低成本使用的需求？能否满足客户人身安全、财产安全的需求？

20 世纪 90 年代，柯达推出傻瓜相机后充分满足了客户易用性的需求，让照相机真正走进千家万户，成为家庭必备品，销量成倍增长，造就了柯达辉煌的 10 年。

5 年前，国内个人财务管理软件市场“管家婆”异军突起，以一个“玩具”级的小软件创造了几千万元的销售额，原因就是满足了不懂计算机但又非常需要用计算机软件管账的个体老板的需求。

国内汽车市场，日系车仍然保持良好的销售态势，一位消费者在再三权衡后，仍然禁不住日系车省油、使用成本低的诱惑而选择购买本田小汽车。

第六，要分析客户的维护需求。产品能否满足客户持续、不间断使用的需求？是否可靠、低故障？在出现故障时能否快速维修？维修是否低成本？等等。深圳一家台资 UPS（不间断电源）制造商在其高档 UPS 产品中增加了自检、故障预报警、故障定位功能后，降低了客户维修的损失，也降低了维护成本，客户颇为满意。

第七，要分析客户废弃产品的需求。尤其是发达国家，废弃产品受到政府严格控制，很多出口欧美的产品纷纷采用易降解的塑料做零部件材料，以增强产品竞争力。

在收集、分析了客户需求后，要进行客户需求分类，划分重要性等级，以便更好地分析从哪些方面体现产品竞争力。在 IPD（集成产品开发）体系中，客户需求被归纳为 8 个方面，分别是价格、可获得性、包装、性能、易用性、保证、生命周期成本、社会影响，这 8 个方面的英文首字母缩写组合为 $APPEALS，应从这些方面全面分析客户需求和产品竞争力。

前面介绍的按过程、按 $APPEALS 划分客户需求都是一种系统性收集、分析客户需求的工具，一个是动态的分析工具，另一个是静态的分析工具。

全面分析客户需求能有效防止漏掉一些重要的客户需求，但并不代表各个方面的需求都是重要的。在全面分析客户需求后，接下来要分析哪些需求是关键客户需求，哪些需求是非关键客户需求。关键客户需求是产品体现竞争力的重要方面，成功的新产品往往把握了关键差异性客户需求。

由于抓住了客户对高档抽油烟机外观时髦、高档、噪声小的需求，方太厨具早期在高档抽油烟机上取得了巨大成功。苹果计算机5年前推出的 iPod MP3 播放器风靡全球，为苹果计算机带来数十亿美元的利润，因为 iPod MP3 播放器可以满足客户低价获得喜爱音乐的需求，可以满足客户拥有一个艺术品一般的播放器的需求，可以满足客户方便下载和播放的需求，这就是客户关键差异性需求。

开发新产品就是要把精力放在满足客户关键差异性需求上，而不是处处用力。只有这样，开发新产品的努力才不会白费，才有机会获得成功。一个新产品有一两个客户非常关心的差异化卖点就足以制胜。

当然，要全面了解客户需求并把握关键差异性客户需求不是一件容易的事情，需要建立系统的客户需求管理体系，包括成立跨部门的客户需求收集、分析小组，建立客户需求管理流程，掌握客户需求收集、分析的方法和工具，培养善于分析并透彻理解客户需求的人才。正因为需求管理有重要作用，企业在建设产品开发体系的时候往往在需求管理方面投入大量的精力。

第四节　销售导向 VS 市场导向

产品开发要以市场为导向，应该说没有几个人会反对这个观念。但有多少人真正理解它的内涵呢？人们很容易陷入误区，一个典型的误区就是以销售为导向，让我们来看两个实例。

J公司是一家生产销售高性能改性塑料的企业，“产品开发以市场为导向”一直是J公司的信条，也是其成功的秘诀。当GE、杜邦、巴斯夫等国际巨头的通用产品不能满足客户的特殊需求时，J公司量身定制的产品有了很大的市场空间。J公司也是靠为客户量身定制产品取得成功的，2004年达到了近20亿元的销售规模。随着公司的快速成长，客户群不断扩大，开发的产品品种越来越多。研发人员却越来越困惑：客户的定制需求实在太多了，并且每个产品都要得很急，有时候实在应付不过来，但又不知道怎么办。对于一些不重要的项目，拒绝吧，销售人员不干，有些老销售人员会找公司领导，通过公司领导压任务，并因此指责研发人员不以市场为导向。不拒绝吧，又忙不过来，造成所有项目延期，销售部门又指责研发人员响应市场速度太慢。

Y公司是一家工业变频器设备供应商，面对目不暇接的定制化产品开发需求，研发人员也非常困惑：完全接受，推出新产品和产品升级换代的速度受很大影响；拒绝一些需求，又要面临来自销售人员和公司领导的压力和指责，说研发人员不以市场为导向。

如果你也有J公司和Y公司研发人员类似的困惑，说明你已经陷入了市场导向的误区，这种方式更应该称为销售导向，而不是真正的市场导向。据我观察，类似J公司和Y公司这样陷入销售导向误区的企业有很多。那么，销售导向有问题吗？市场导向和销售导向有什么区别？怎样建立真正的市场导向呢？

销售导向是企业初创期、生存期的必然选择，国内很多企业之所以能成功，就是依赖突出的销售能力，很多企业信奉销售为王也是有道理的。正因为销售起重要作用，以及销售部门的龙头地位，在产品开发方面，很多企业自然形成了销售导向的模式。但是当企业渡过生存期，尤其是发展到一定规模后，销售导向的产品开发模式会降低企业运作效率、阻碍企业进一步发展。具体来说，销售导向存在以下 3 个突出弊端。

（1）研发效率降低。客户和产品都未经过精心选择，不可避免地存在劣质客户和产品品种，降低了整体研发效率，甚至是整个公司的运行效率。我分析 J 公司的产品组合后发现，61% 的产品品种只贡献 4% 的销售收入，绝大多数产品是不赚钱的，甚至一小部分产品是亏损的。显然，公司提高效率和效益，必须大幅降低这类产品的比例。

（2）响应市场的速度变慢。由于研发项目和任务太多，每个项目的资源都得不到保证，产品更新换代的速度变慢，客户定制产品的交付速度也变慢了，客户满意度降低。

（3）资源过于分散。明星产品得不到资源保证，或者主力新产品缺乏竞争力；定制开发任务太多，研发人员的精力有限。J 公司的高性能汽车塑料 2 年多一直没有取得突破，虽然公司上下都认为高性能汽车塑料产品潜力巨大，也招了不少研发人员，但客户定制开发似乎是一个无底洞，总是抢占太多的资源，包括高性能汽车塑料产品开发的资源。

要避免这些问题，确保公司持续开发出有竞争力的产品。我认为，必须实现从销售导向向市场导向的转变，真正建立市场导向的产品开发机制。让我们先来看看市场导向和销售导向有哪些区别，如表 5 – 1 所示。

表 5 – 1　市场导向和销售导向的区别

差异点	市场导向	销售导向
市场范围不同	关注整个市场，如关注多个客户群、多个地域的客户群、多个行业的客户群、若干个细分市场等	关注单个客户需求

续表

差异点	市场导向	销售导向
目标市场不同	经过选择的重要客户群和重要市场，需要对客户有所选择，要放弃一些客户、细分市场	特定客户，每个销售人员针对特定客户提出开发需求
决策机制不同	基于市场信息、竞争分析和数据建立的客户选择、产品开发优先级判定等决策标准	基于销售人员的直观判断，没有产品开发的选择标准，没有产品开发的优先级判定标准
时间周期不同	关注长期、中期、短期的需求平衡	关注短期需求，很少关注中期、长期的需求

要形成真正的市场导向机制，需要建立以下机制。

（1）市场细分和目标市场选择机制。在全面了解整个市场的基础上，对市场进行细分，如按地域细分、按客户所在行业细分、按客户的价值取向细分。然后，从市场空间、增长率、竞争激烈程度、战略价值等方面评估各细分市场潜力，结合企业在各细分市场的竞争优势，对细分市场进行选择，放弃一些没有潜力或没有竞争优势的细分市场、客户群，聚焦一些有潜力且有竞争优势的细分市场或客户群。

（2）建立基于事实和数据的决策机制。各细分市场潜力的评估，以及企业在各细分市场的竞争优势的评估基于事实和数据，而不是看谁的话语权大。

（3）产品开发项目优先等级管理机制。在对各细分市场评估的基础上划分产品开发项目的优先等级，并按项目优先等级调配资源，确保资源向高优先等级的重点产品、明星产品倾斜。

J公司、Y公司在顾问的帮助下，建立起市场导向产品开发机制后，J公司顺利开发出了高性能汽车塑料、高性能长玻纤塑料等明星产品，并推出了一系列有竞争力的产品，提高了公司的效率，推动了公司的持续增长。Y公司产品升级换代速度也因此得以提升。

第五节　以市场部门为主制订新产品开发任务书

一款汽车 DVD 和导航新产品在研发进行 3 个月后，市场部门突然提出要增加蓝牙功能，因为蓝牙功能是客户非常关注的功能，原来的技术方案无法支持蓝牙功能，最后只得将原来的方案推倒重来，延期几个月才研发完成。

一款为北美一家品牌客户定制的洗衣机产品已经到了样机制作阶段，销售部门反馈，客户计划将节能作为该款机型的主打卖点之一，希望能效在原来规格的基础上提高 30% ~50%。设计时选用的平台无法支持如此高的能效比，必须换用其他技术平台，方案设计工作需重新开始，3 个多月的工作基本上白做了，模具也存在报废的风险，浪费了几十万元的模具费。

类似的情况在企业新产品开发项目中经常遇到，颇令项目经理和项目团队头痛。所以，项目要成功，目标清楚很重要。

在 IPD 概念阶段，PDT 团队根据市场管理输入和新产品开发任务书解决项目是“What”这个问题。PDT 团队接到项目任务书时，主要目标有两个：整理需求、制订初步的业务计划。在这个过程中，团队将面临各种冲突。单从需求方面讲，各职能领域都会提出需求，如市场需求、可制造性需求、可服务性需求、可靠性技术与工程需求、可测试性需求、可行销性需求等，而且每个领域对于他们提出的需求有充分的理由。对产品而言，这些需求的实现意味着资源投入，需要花更多的钱和更多的时间。

新产品开发任务书明确了项目的目标和宗旨，这些目标要求团队必须做出选择，必须在上市时间、市场收入与份额、技术先进性等方面做出选择。这就要求 PDT 团队中各职能领域必须站在项目目标和系统的高度权衡这些需求，并建立分配需求和分配资源的优先顺序的机制，不同的行业、不同的业务、针对不同的客户，这种支持模型可能是不一样的，要因地制宜，但是有一点是明确的，PDT 团队要始终把项目的整体利益放在第一位。“资源是有限的，所以必须做出选择”这一经济学中的显著现象同样适用于目标。

以新产品开发任务书下达作为新产品开发项目的起点，在项目管理中起着重要的作用。新产品开发团队接收任务书，是项目周期统计的起点。另外，任务书是新产品开发项目目标的载体，为开发团队研发产品指明了方向；下游活动也据此展开，如财务人员建立财务环境、项目秘书建立项目工作环境等。

困惑：由谁编写新产品开发任务书？任务书由哪个部门下达呢？

有的企业是由销售人员通过电话或者邮件将客户需求传递给研发部门，由研发部门编写任务书，研发副总或者公司总经理批准任务书，然后下达给由技术人员组建的开发团队。

在这些企业中，我发现技术导向明显，在任务书中大量描述产品的功能和性能指标，而市场信息较为缺乏，没有说明竞争对手是谁、客户是谁……这些市场信息实际上是新产品开发的重要信息。所以，在这些企业环境中研发出来的新产品保证了技术的成功，但不一定是新产品市场的成功，市场成功才是企业需要的。

有的企业是由市场部门编写新产品开发任务书，因为他们坚信，新产品开发要以市场为导向，而不是以技术为导向。市场人员最了解市场，所以，市场人员编写新产品开发任务书也是市场导向的标志之一。但是，仅由市场部门一个职能部门了解市场、分析竞争，在与客户交流时会形成“独腿”效应，一谈到技术，市场人员就噤若寒蝉。所以，仅由市场部门人员了解市场、编写研发任务书并非正确的做法。

在成功的企业，市场、服务、销售、技术等职能部门共同组建一个联合团队，这个团队负责市场信息收集、分析、分配等市场需求管理工作，也负责编写新产品开发任务书，他们按照客户需求、结合市场调查、编写新产品开发任务书，在任务书下达前，经过公司决策委员会评审后才能正式下达给 PDT 经理，这也是顾问推荐的方法。华为通过实施“狼狈”计划，把市场类和技术类人员联合起来，共同和客户交流、共同收集市场需求、共同投标、共同编写新产品开发任务书。

新产品开发要以市场为导向，也要求公司建立相应的市场类组织。华为有一个部门——战略与 Marketing 部门，又专门成立了跨部门的组合管理团队（PMT）和需求管理团队（RMT）。它们运作市场管理流程和需求管理流程，并通过需求管理库管理日常收集的市场需求，公司的新产品开发任务书以市场需求为依据。

第六节　制订新产品包开发任务书

困惑：新产品开发任务书包括哪些内容，怎么写？

一般来说，新产品开发任务书，包括以下内容。

（1）产品包竞争环境与竞争优势

下达一个新产品开发任务，把要研发的新产品的竞争环境说清楚，因为新产品是针对一个或者几个细分市场研发的，市场里有许多竞争对手，也有许多竞争产品。下达任务书前，要把竞争环境调查清楚，新产品进入的市场中有哪些竞争对手，新研发的产品有什么差异化优势。

打仗要知己知彼，研发新产品也一样。深圳特尔佳公司在研发新产品前，对福伊特、法士特两个国外竞争对手的产品进行过详细的调研和分析。

周鸿祎曾谈道："做产品一定要单点突破，不能面面俱到。苹果公司的 iPod 说白了就是一个 MP3，满大街都有的东西，为什么在苹果这里得到新生？就是因为里面加了一个东芝的小硬盘，能存上千首歌，号称能把自己一生中喜欢听的歌都存进来。一个产品，有一两个差异化的卖点就吸引客户。"

（2）产品包战略目标定位

下达任务书时，要清楚本产品的战略定位是什么，这将为新产品开发团队指明方向，开发团队也会有的放矢。在描述新产品目标定位时要回答以下问题。

从业务策略和市场管理的角度，本产品是否是第一个发布的，用于抢占市场先机；是否用本产品取代一个将被淘汰的产品族；是否用本产品进入新的市场。

如果研发新产品是为了抢占市场，在项目时间、成本、质量策略上，可能选择进度优先的策略，因为晚推向市场，会被竞争对手抢占。2000 年左右，正是中国通信市场跑马圈地的阶段，当时本土一个大型通信设备供应商提出：推出第一个版本抢占市场，推出第二个版本巩固市场，推出第三个版本拓展市场。抢占市场，但新产品的质量并非尽善尽美。

如果研发的新产品是为了取代上一代产品，需要把上一代产品的有关缺陷收集起来，一并改进。取代上一代产品，要保证质量，要优于上一代产品质量，改进上一代产品的缺陷，增加新的功能。

如果研发的新产品要进入新市场，就要把新市场的需求弄清楚，知道客户在时间、成本、质量上更看重什么。一般来说，新产品进入新的市场，在安索夫矩阵（Ansoff Matrix）中，这类业务风险是最大的，新产品开发团队更要认真分析和控制技术风险和市场风险。

（3）产品包价值描述

所谓价值，是指为客户创造什么价值，客户购买产品是为其创造价值的。正如德鲁克在《管理的实践》一书中举例：客户不是为了购买 1 厘米的钻孔机，而是需要一个 1 厘米的钻孔。

在下达新产品开发任务书时，要不断地问自己：作为一个客户，我为什么要购买这个产品？为客户创造什么价值？驱动客户购买产品的动力是什么？

咨询公司的产品是咨询服务，为客户带来的价值是推动组织成长、提高组织效率，还具有社会价值。而研发通信设备产品，能为社会沟通带来方便，传递声音或身临其境的画面，虽然远在天涯，但有近在咫尺的感觉。

（4）产品包所在市场容量

研发新产品是一项投资行为，投资是为了收益，但投资收益有多有少，所以，企业要将有限的资源投入到比较好的市场机会中。

什么是好的市场机会，市场容量大就是要素之一。有的市场，充其量也就是几千万元的市场容量，但有的市场有几千亿元的市场容量。所以，要投资市场容量大，而且又有增长潜力的市场。

在下达新产品开发任务书时，要清晰描述市场容量，以什么样的增长速度发展，如果投资这个新产品，公司可以获得多少份额，前 3 年可以获得多少收入，在产品生命周期内能获得多少收入。

曲别针的供应商，无论公司实力多么强，年度收入也无法超赶通信设备供应商的收入，因为通信设备市场容量大，曲别针市场容量小。

（5）产品包所在细分市场与客户情况

新产品开发总是瞄准一定的细分市场进行研发的，那种靠一个产品包打天下的时代一去不复返了。

在目前手机厂商过得不如意的情况下，步步高通信科技公司瞄准 18 ~ 35 岁年轻、时尚的女性研发出了音乐手机，深受女性消费者欢迎，反而那些想把一款手机卖给所有消费者的手机厂商一个个地没落了。

只有市场细分，才能差异化地进入市场，才有竞争优势。所以，在新产品开发任务书中说明研发的产品要进入哪些细分市场，这些细分市场中有哪些主要客户，客户有什么特点，客户有什么需求，如何赢得客户等。

清楚定位细分市场后，下一步要弄清楚这个细分市场中的客户需求是什么，因为产品是按照客户需求研发的。$APPEALS 需求分析工具已经得到业界的认可，它从 8 个维度描述客户需求：价格、可获得性、包装、性能、易用性、保证、生命周期成本、社会影响。

在步步高通信科技公司，有专门的部门研究市场，也成立了用户体验部门，站在消费者的角度研究消费者使用习惯和操作场景。华为的战略与 Marketing 部门专门负责需求管理工作。

（6）产品包开发项目目标（进度与财务目标）

新产品开发的项目目标包括时间、成本、质量目标和项目范围的描述。

在下达新产品开发任务时，要明确进度计划，包括项目的起止周期，主要里程碑时间。在常见的新产品开发任务书中，一般明确了概念决策评审点、计划决策评审点、可获得性决策评审点和一般可获得性时间点。在任务书生成阶段，这些里程碑时间偏差比较大，40% ~50% 目标偏差也有可能，需要在新产品开发项目中重新估计和明确。

财务目标包括目标成本确定、财务收益评估，如投资回收期、盈亏平衡点、收益率等。这些数据应基于公司管理层为产品线或产品族早已制订的业务目标，是实实在在的公司管理层给新产品开发团队定的目标。

我讲授《研发项目管理》课程 300 余场，讲课前会让学员做一个练习：请描述案例项目的目标。我发现，60% 以上的描述仅关注技术性能指标，关注进度目标、成本目标、质量目标的少之又少，这也是企业项目管理水平的真实表现。

（7）产品包开发团队成员

新产品开发团队是一个跨职能部门的团队，这个团队是市场体系、技术体系、供应链体系、质量体系、财务体系等组成的联合团队，为这个团队指定专门的质量保证人员，共同对新产品的研发市场成功负责。

有些企业一说到新产品开发，就认为是技术部门的事情，其他部门都是帮助技术部门完成新产品开发任务。在研发过程中，跨部门协同困难，研发效率不高。

在下达新产品开发任务时，一般已经确定了新产品开发的项目经理。PDT 经理就像一个小公司的总经理，要对产品的市场成功负责，而不仅仅是对技术成功负责。中兴通讯公司实施“产品经营团队”管理模式，为新产品的成功负责。

在一些准备采用项目方式研发新产品的公司，一件比较困难的事情就是找不到合适的 PDT 经理。因为项目经理要在公司层面跨部门协调研发工作，找来找去，只有总经理最合适。在这些公司中，要建立培育项目经理的机制，如华为采用资源池的形式培育项目经理，通过选派 100 名种子选手参加外部项目管理专业资质认证、公司内部轮岗等方式培育。

在新产品开发的概念阶段，组建完成项目核心团队后，公司要下发任命书，作为对项目团队正式的认命依据。新产品开发任务书好像桥梁，连接着市场管理与新产品开发，为新产品开发团队指明了方向。

第七节　新产品价格与设计成本管理

目标成本的确定依据是产品的竞争性市场价格。

控制成本的前提是正确地核算产品和项目的成本与费用。

对产品成本实行目标成本控制，在产品的立项和设计中实行成本否决。

——摘自《华为基本法》

一、IPD 管理模式下新产品定价策略

在市场经济环境下，新产品的定价策略越来越重要。新产品定价不仅关系到新产品的市场占有率，更涉及企业在市场竞争中的地位和影响力，甚至会影响企业的生存与长远发展。

有人讲：“在市场营销组合中，定价策略是最痛苦、最危险的策

略，需要在市场营销前做大量的市场调研，调研客户心理预期、竞争对手的定价策略和自身品牌能力，更需要公司决策者具备相当的营销智慧与决断能力。”

2014 年 5 月 20 日，罗永浩旗下锤子科技携 Smartisan T1 亮相，业界反响强烈。锤子发布的这款手机之所以引起业界的广泛关注，其中一个原因是罗永浩是互联网公众人物。

锤子是一个全新的品牌，这款手机选择由苹果前工业设计总监 Robert Brunner 创办的 Ammunition 提供工业设计，并且采用了高通、索尼、富士通、康宁等供应商提供的硬件解决方案。

在智能手机兴起之前，国产手机在和国际品牌竞争中技术明显处于劣势，因此，低价格几乎成了唯一的竞争优势。但在智能手机时代，国产手机在技术上不断进步，以及在品牌营销方面努力工作，和国际品牌的产品在设计、性能、体验、品牌影响等方面的差距已经缩小了。在这种情况下，国产手机并非只能卖低价。

事实上，我看到很多国内品牌如华为、中兴、OPPO、VIVO 已经在 2000 元价位站稳脚跟，并且向 2500 元、3000 元甚至更高价位的市场迈进，但绝不意味着国产手机可以盲目卖高价。目前，国内品牌超过 2000 元的产品中，销量不错的，往往都是在某些方面有过人之处的产品，与国际品牌的同档次产品相比，依然有明显的价格优势。毕竟，国内品牌的积淀还不足以支撑太多的溢价，如果产品在工业设计、硬件配置等方面没有绝对亮点，过高的定价显得有些妄自尊大。

特别是国内市场，小米等新兴厂商的确在性价比方面取得了标杆效果，用户在购买时往往会进行比较。从近期发布的新产品来看，大多数国内品牌仍然坚持高性价比、精品产品适当提升溢价的战略；从整个市场环境看，这样的定价更有竞争力。

锤子 Smartisan T1 手机 3000 元的定价的确有点高，并不亲民。虽然有罗永浩的个人光环，但作为一个全新的品牌，它的产品品质仍然有待验证。从功能来看，这款配置主流又欠缺 4G 关键支撑的产品很难支撑这一价格，着实让人担心其能否实现预期销量。

据 2014 年 6 月 24 日搜狐网报道：尽管按照锤子科技的统计数据表明至少有几百万人从各种渠道观看了锤子手机的发布会，但发布会结束后的 48 小时内，锤子手机的销量仅仅突破了 5 万部。且不论这一数据对一个新兴的手机品牌来说是否足够强大，也不提之前投资商和罗永浩对赌 50 万部的错误估算，单从市场表现看，老罗的品牌价值似乎“雷声大雨点小”，未能将人气转化为生产力。

显然，把握好新产品定价策略与企业竞争力的关系不仅是一个理论问题，还是一个企业发展过程中必须解决好的重大实践问题。市场机制的核心机制毕竟是价格机制，虽然市场上非价格的因素日益重要，但企业连“价格问题”（新产品定价策略）都处理不好，就更不可能处理好非价格方面的问题了。

目前，中国企业在新产品定价策略上，主要的问题是没有对市场因素进行系统性分析，冲动定价；把定价策略交给市场工程师管理，公司高层并没有将其作为战略问题对待；一些公司定价策略单一，简单使用计划经济那套定价策略——成本加成定价法。

我建议企业按照 IPD（集成产品开发）管理模式对新产品定价策略做出选择。在 IPD 新产品开发过程中，有多处活动涉及价格这个重要的变量，因为价格是影响产品收入、利润的重要影响因素，也是产品市场策略中的重要组成部分，对产品的成败有决定性的影响。

产品的概念阶段、计划阶段为规划阶段，也是决策的关键阶段。PDT（产品开发团队）在完成提交给投资决策评审委员会决策用的业务计划时，在估计产品的收益时，确定产品设计成本、确定竞争策略时，对产品做出合适的定价是非常重要的。

另外，在产品的市场发布决策评审点，PDT 要准备最后的定价书，确定价格。此时，产品的定价对产品进入市场、占领一定的市场份额，以及取得满意的利润具有决定性的作用。当产品进入生命周期阶段后，应半年至一年调整一次产品价格。

产品定价的主要决定因素有产品生产成本、前期研发投入、竞争性因素、产品性能、公司品牌等，综合考虑上述因素，IPD 管理模式主要的定价方法如下。

（1）撇脂定价

就是在产品试销初期制订较高的价格投放新产品，待市场扩大、产品趋于成熟阶段，再降低价格。这种策略能保证试销初期获得巨额利润，保障新产品在产销方面无法预知的成本得到补偿。但试销初期的巨额利润会迅速引来竞争者，高价不能持久，因此这是一种短期性的定价策略，多适用于没有竞争对手、容易开辟市场的新产品。

（2）渗透定价

就是在试销初期采用低价策略，为新产品开路，等品牌确立、赢得市场好评后，再逐步提高价格。虽然在试销初期牺牲了利润，但它能有效地排除其他企业竞争，便于在市场建立长期的领先地位，能持久地给企业带来日益增长的经济效益，是一种长远的定价策略。

（3）渐降定价

指在采用撇脂定价策略后的一段时间，将价格下调。此战略经常跟在撇脂定价策略后面，此时产品或服务已受到大量潜在顾客的喜爱，运用渐降定价策略，分阶段降低价格，使产品渗透到更多的市场，阻止竞争者进入。

（4）成本加成定价

指成本加目标利润形成的价格。此策略对以市场为导向的经营者来说不太灵活，此定价策略适用于在政府市场上销售的产品或服务或新产品首次试销。

（5）跟随定价

就是跟随行业的价格领导者为产品定价。此时，企业必须注意竞争价格的变化。在以下情况下，考虑此策略。

第一，企业较小，而本行业又由少数享有较高市场占有率的竞争者控制。

第二，行业价格领导者要对不正常的高价或低价采取严厉的报复行动。

第三，本企业的产品或服务与其他企业没有太大区别。

（6）细分市场差别定价

差别定价是指同一产品对不同的顾客或不同的细分市场采取不同的价格。如果企业的产品或服务是按顾客的要求定做或改动的，就需要按照不同顾客的不同成本要求分别确定价格。差别定价需要满足两个条件：产品有两个或两个以上的市场；不同市场的价格弹性不同，采用不同的价格取得最大的利润。

（7）低价策略

指企业为了提高短期销量、扩大市场占有率、打击竞争对手等销售目标而采用的定价策略。

制订新产品价格策略时，主要考虑新产品所处的行业生命周期阶段，根据公司产品生命周期阶段与行业产品生命周期阶段的吻合程度，提出新产品可能采用的价格策略。比如，行业在引入期、新产品在引入期，开发的新产品基本上处于行业领先者的地位，可以利用产品高投入、高风险、高附加值的特性，采用撇脂低价或高价策略，价格可适当高于顾客的认知价值，谋求高额利润，并保障新产品在产销方面无法预知的成本得到补偿。

分析罗永浩的锤子手机所处的环境，我认为，目前的手机行业已经进入成熟期，而锤子开发的新产品处于引入期。由于市场上的竞争者较多，竞争激烈，锤子手机作为新进入者，应该防止与主要大牌对手正面冲突，可以采用低价策略或细分市场差别定价，一方面与竞争者保持一定的价格差距，另一方面在细分市场上采用不同的价格。T1 产品上市能否成功，未来是否有 T2、T3 要拭目以待。

二、按价格牵引成本法设计新产品成本

国家标准规定，煤矿监控系统分站电源器到传感器的供电距离最近不得小于 2km。某煤矿安全设备研发公司现有某型号产品——3 台传感器共用一路电源器时无法满足 2km 要求，公司决定提升电源器的供电电压等级以提升电源器的供电距离，投资研发 24V 本安电源器（本质安全电源，属于爆炸性气体环境用防爆电气设备），以解决现场传感器远距离供电问题。

2008 年年初，开始设计和试制 24V 本安电源器，但在新产品开发需求说明书中，只提出产品的基本参数指标：本安 24V、450mA，并没有对其他方面提出要求。新产品开发团队通过详细设计、研发、试制、测试等活动，12 月达到了设计的技术指标。

2009年年初，在集团公司研究院科研评审会议上，专家认为24V本安电源器的设计成本过高影响推广，因为设计成本接近销售价格，如果再提高价格，客户不能按受。所以，虽然这个新产品还没有销售，但公司决定弃用2008年研发的24V本安电源器，重新成立新的开发团队，研发新的24V本安电源器。

2009年3月，公司重新起动24V本安电源器的研发项目，要求在满足现有技术性能指标需求的前提下降低电路成本。2009年9月月底才完成24V电源器的初步电路设计。2009年12月月底完成安全型式试验。2010年4月开始批量投入生产。

这个新产品开发项目，仅仅由于在设计时没有考虑到目标设计成本，以致于设计出来的产品成本过高，新产品还没有开始销售就又重新设计，和原计划相比，延期了1年。难道这方面没有成熟的研发管理方法吗？非要等到产品发布时才能发现成本过高，再重新解决这类问题吗？

为了回答这些问题，我要从设计成本管理的基本思想说起。

（一）设计成本的概念

在新产品开发中，往往采用价格牵引成本法，即由市场价格确定允许的设计成本。

设计成本是指由产品设计方案决定的产品或部件的料本。设计成本的观念源于价值工程，认为成本可以预先设计出来。其核心是目标成本控制，即把目标成本作为与性能指标同等重要的设计参数，在新产品开发任务书中明确，在设计过程中通过不断跟踪和降低成本，使最终产品的成本低于目标成本。

（二）在新产品开发过程中实现目标设计成本

只有在产品的概念、计划阶段开展成本预测，为研发人员降低成本提供方向指导，并制订出相关的目标成本，才能做好成本控制。

设计成本控制需要财务人员和工程技术人员紧密配合，通过对产品结构和销售价格的预测分析，制订出各个阶段产品设计优化的目标成本，从而为产品设计提供成本控制的目标和方向。当然，预测新产品的成本需要研发工程师与成本分析人员的合作，当研发工程师清楚产品成本是如何构成时，他们就会力争在设计中降低成本。

设计成本管理的基本思路就是在新产品开发全流程实施目标成本控制，基本步骤如下。

（1）在概念、计划决策阶段根据市场目标价格、目标毛利率水平或竞争对手分析资料等完成产品目标设计成本的制订工作，为新产品开发提供目标成本牵引。

（2）将成本纳入产品总体方案评审要素：对该方案下的几种可能的配置成本进行测算评估，对目标成本进行细化和分解，并以约束指标下达给相关设计责任人，由成本工程师对其进行过程监控。

（3）整机设计定型鉴定时对几种可能配置下的实际成本进行测算，出具整机目标成本完成率、器件替代率、复用率指标。

一种产品从概念形成到成熟定型是一个不断否定、逐渐演进的过程，不可避免地存在产品的版本换代升级。版本升级要解决的问题很多，有功能方面的、有质量方面的问题，也有成本方面的问题，充分利用产品设计优化的机会是降低产品设计成本最经济的做法。经验表明，若为降低成本而专门进行的设计优化从综合成本和质量风险的视角去分析是不经济的做法。

（三）影响新产品设计成本的因素

影响设计成本的主要因素有两个：产品的设计方案和物料规格选型。加强设计方案的经济性评审，按“功能—成本”最佳匹配原则，优化设计方案。在产品设计方案实施过程中加强器件的选型控制，具体控制好新器件替代率、器件复用率等综合成本驱动指标，以满足概念、计划阶段要求的目标设计成本。

华为在某款产品新版本开发中，目标成本很可能不达标，且市场反馈老版本问题严重，集中于电源模块。经过研究和分析，发现友商基本选用电源芯片，具有高可靠性和低成本特性，且散热好、设计简单、生产一致性好。用电源芯片替代电源模块，不仅能达到目标成本，产品可靠性也得到提升。

我再分析一下前面所提出的新产品开发案例，如果这个研发 24V 本安电源器产品的公司使用了价格牵引成本法设计产品，在产品的概念阶段、计划阶段就明确除了性能指标外的要素，如产品价格、毛利率，可以根据价格牵引成本法明确设计成本，工程技术人员在新产品开发过程中，按照设计成本要求进行新产品方案设计、成本核算，就不至于出现新产品要发布了才发现设计成本过高的问题。

第六章

如何进行跨部门工作

在公司的纵向等级结构中引入横向的网络动作方式，激活整个组织，最大限度地利用和共享资源。我们既要确保正向直线职能系统制订和实施决策的政令畅通，又要对横向的求助系统做出及时、灵活的响应，使最贴近顾客，最先觉察到变化和机会的、高度负责的基层主管和员工，能够及时得到组织的支援，为组织目标做出贡献。

——摘自《华为基本法》

第一节　用项目团队拆掉部门的墙

伊莱克斯是全球最大的家用电器生产商，它在中国最大的合资企业是伊莱克斯－中意冰箱有限公司。曾经，新型号系列冰箱的推出时间一拖再拖，几乎到了胎死腹中的地步。

总经理一再强调协调合作，高级干部培训班办了好几次，欧洲来访的高级管理官员和专家川流不息，但是收效甚微。

设计冰箱的工程师还是在离制造车间一里之遥的公司大楼的第六层楼闭门造车，工艺师在第七层楼勤奋工作，物料供应部门的采购员在第一层楼里忙忙碌碌，项目部的管理人员在第二层楼绞尽脑汁，生产部在第四层楼叫苦连天。

在仅 2 年的时间里，每个星期要召开一两次会议协调新产品的研制问题。会上，部门之间相互推诿、指责，总经理也曾下定决心炒掉几个部门的领导，但仍然没有效果。后来，这家企业根据管理专家的建议，在总经理的坚决支持下，设立了一间无隔壁的“联合办公室”，一纸命令把有关专家从公司大楼里的各个部门抽调到“联合项目组”工作。

由于按照项目管理和流程管理的原则确定了新的价值观念和考核制度，大家开始像团队一样工作，项目管理和流程管理得到了有效实施，很多问题就在“联合项目组”里当场解决。很快，设计出来的冰箱成了市场上的畅销品。

研发项目进度延迟了，研发说：“采购太慢了，我们几周前就提出了采购申请，是他们迟迟不交货，所以导致研发进度延迟。”问采购人员为什么那么晚交货，采购人员说：“采购需要周期，是研发人员提交采购申请晚了，供应商交货也慢。”为什么新产品的生产效率那么低，一个月也生产不了几台仪器？生产负责人说：“不是我们的原因，是研发人员设计的问题，如本来回流焊需要把个头小的器件放在前面、个头大的器件放在后面，但设计人员要把个头大的器件设计在前面，回流焊红外热能扫描时后面的小器件焊接不牢固，需要生产操作人员手工焊接。”问研发人员为什么这样设计，他们说：“我们是研发人员，又不了解生产现场环境，生产人员为什么不早提要求呀?”这些现象不胜枚举。

总而言之，新产品开发出了问题，要找到责任主体都是一件困难的事情，更不用说针对问题进行管理优化了。难道这种管理现状真的无药可救了吗?

其实，在IPD（集成新产品开发）管理体系中，已经有成熟的管理方法系统性地解决这类问题——采用项目管理模式，让PDT经理带领项目团队负责项目目标。

在现代企业研发组织管理中，一个成功的做法是采用矩阵式管理模式建立项目团队，这是一种虚拟的跨部门的团队形式。

在项目团队中，由于团队成员来自不同的部门，如营销部门、服务部门、研发部门、供应链部门、财务部门、质量部门等，这个项目团队由一个具备一定任职资格的经理负责，称为 PDT 经理。因此，这种组织以 PDT 经理为领导，对新产品开发项目目标实现负责。公司也为这个项目团队设计了绩效管理目标，如市场收入、市场份额、客户满意度、研发进度等，充分发挥团队的积极性，保证新产品开发成功。

在这种项目团队中，核心代表以部门代表身份做项目中该做的事。用这种工作方式，团队经理关注团队的最终目标完成情况，目标完成情况要接受公司直接考核管理。再者，公司领导层也授权团队经理对项目团队进行管理，也是让最明白的人做决策（团队经理最明白项目进展中出现的情况，所以，公司授权他们做项目决策）。

在这种项目组织方式中，项目团队工作方法与其他组织形式截然不同，因为项目团队直接对项目成功负责。而在纯职能组织形式中，通常由更高级别的职能领导对项目做出批示或决策。但在矩阵式的项目团队结构中，PDT 经理时刻要为新产品的最后成功负责，他在公司决策委员会的授权下全权管理项目，也因为他最了解项目的进展情况，在不违背对决策委员会的承诺的情况下，根据项目实际进展情况做出最有效的项目决策。

第二节　IBM 的经验：矩阵式组织

近年来，IBM、HP 等著名外国企业都采用矩阵式的组织结构。

IBM 的矩阵组织环境很特别，IBM 是一个巨大的公司，自然要划分部门。单一地按照区域、地域、业务职能、客户群落、产品等划分部门是非常普遍的现象，从前的 IBM 也不例外。IBM 把多种划分部门的方式有机地结合起来，其组织结构形成了“活着的”立体网络——多维矩阵。

IBM 既按地域分区，如亚太区、中国区、华南区等，又按产品体系划分事业部，如 PC、服务器、软件等事业部；既按照银行、电信、中小企业等划分，又有销售、渠道、支持等不同的职能划分。这些纵横交错的部门有机地结合为一体。

对这个矩阵中的某位员工（如叶成辉经理）而言，他既是 IBM 大中华区的一员，又是 IBM AS/400 产品体系中的一员，也可以按照其他标准把他划分在其他部门里。

IBM 的矩阵式组织结构的好处是什么？矩阵组织能够弥补对企业进行单一划分的不足，把各种企业划分的好处充分发挥出来。

显然，如果不对企业进行地域上的细分，比如，只有大中华区而没有华南区、华东区，就无法针对各地区市场的特点推进工作。如果只做地域上的划分，对某种产品（如 AS/400）而言，就不会有人非常了解这个产品在各地区的特点，因为每个地区都只看重该地区的整个生意。按照行业划分，就会有人研究各个行业客户对 IBM 产品的需求，从而有效地把握各种产品的重点市场。

如果没有这样的矩阵结构，在某个特定市场推广产品就变得非常困难。比如，在中国市场推广 AS/400，由于矩阵式组织结构的存在，有华南、华东等大区队伍，有金融、电信、中小企业等行业队伍，有市场推广、技术支持等职能部门的队伍，以及专门的 AS/400 产品队伍，大家相互协调、配合，就很容易打开局面。

首先，AS/400 产品经理比较清楚该产品在当地的策略。在中国，AS/400 的客户主要在银行业、保险业；而在美国，AS/400 的客户主要在零售业和流通业。在亚太区，AS/400 的产品还需要走低端路线，不能只走高端路线。中国市场上需要 AS/400 的价位、配置和每个月需要的数量等，只有产品经理清楚。从产品这条线来看，需要向美国工厂订货，保证货源。从产品销售的角度看，AS/400 的产品部门需要各相关地区的职能部门协助，做好促销活动；需要借助各大区、各行业销售力量把产品销售出去。比如，在媒体上做一些访问，就需要当地负责媒体公关的部门协助。

其次，“莲花宝箱（为中国市场量身定制的 AS/400）”除了主攻银行客户外，还要大力推向中小企业市场，需要与中国区负责中小企业的行业总经理达成共识。当然，“莲花宝箱”走低端路线，还需要介入分销渠道，与负责渠道管理的职能部门协调。从某种意义上讲，他们之间也互为客户关系。

任何事情都有它的两面性。矩阵组织在增强企业产品或项目推广能力、市场渗透能力的同时，也存在弊端。在矩阵组织中，不只一个老板，上上下下需要更多的沟通、协调，所以，“IBM 的经理开会的时间、沟通的时间肯定比小企业多，可能使决策过程变长。”叶成辉进一步强调：“其实，这也不能成为问题，因为大多数情况下还是好的，IBM 的经理都知道一个好的决定应该是什么样的。”另外，每位员工都由不同的老板评估业绩，不再是一个人说了算，评估的结果也更全面，每个人都会更用心地工作，而不是花心思讨好老板。同时，运用不同的标准划分企业部门就会形成矩阵式组织。

这样的组织结构内部，考核员工业绩的办法不会简单。在特定客户看来，IBM 只有“唯一客户出口”，所有种类的产品都是由一个销售员销售；产品部门、行业部门花大力气进行产品、客户推广，但是，对每笔交易而言，又是由其所在区域的 IBM 员工最后完成。问题是最后的业绩如何计算？产品部门算多少业绩，区域、行业部门又分别算多少业绩。

其实，IBM 经过多年的探索，早已解决了这个问题。现在，有三层销售——产品、行业和区域，也采取三层评估，比如，经过各方共同努力，华南区卖给某银行 10 套 AS/400，给华南区、AS/400 产品部门和金融行业部门都记上贡献。当然，无论从哪个层面看，总和都是一致的。比如，从大中华区周伟焜的立场来看，下面各分区业绩的总和、大中华区全部行业销售总额，或大中华区全部产品（服务）销售总额，三个数字是一样的，都可以说明他的业绩。

在外界看来，IBM 这辆巨大的战车是稳步前进的，变化缓慢。其实，这是一个误会。对于基层员工、高层经理，变化相对较小、比较稳定。比如，一名普通员工进入 IBM，做 AS/400 的销售工作，可能四五年时间都不会变化，也可能有机会升任一线经理。亚太区的总经理，也可能好多年不变，因为熟悉这个区域的业务，建立起很好的客户关系也不太容易。所以，外界就认为 IBM 变动缓慢。但是，IBM 矩阵内部的变化很快。中间层的经理人员差不多一两年就要变换工作，或者变换老板、变换下属，这就促使整个组织不断地创新、不断地向前发展。

矩阵组织结构是有机的，既能保证稳定地发展，又能保证组织内部的变化和创新。所以，IBM 常常流传着一句话：“换了谁也无所谓。”

第三节　如何建立跨部门的开发团队

一、核心小组法

在现代企业研发组织管理中，一个成功的做法是用项目核心小组法组建开发团队。它是一种虚拟的跨部门团队形式，华为、中兴通讯、福田汽车等公司都采用此方法。

项目核心小组法就是通过矩阵式的管理模式，建立跨部门的项目团队。团队成员来自不同的部门，项目成员多则几百人，少则几十人，项目经理直接领导这个团队往往由于幅度过大，影响管理效率。所以，采用核心小组法解决幅度的问题。

核心小组通常由 5 ~ 8 个不同领域的成员及一个核心小组组长组成（新产品开发项目经理），它并不采用传统的分级管理办法。所有新产品开发责任都分配到各个代表身上，每个代表的职责通常与其领域能力相关，核心小组的结构可以用一个不间断的圆形结构图表示。此外，这个圆形结构图还表明每个小组成员都面临相同的挑战：不惜一切代价尽快把产品送到客户手里。

核心代表要为本部门着想，更要为项目的最后成功努力工作。他们通常不把自己限制在通常工作岗位定义的框架内；他们的工作弹性大，以部门代表身份做该做的事，核心代表直接、独立地履行职责，监督分派给自己的人员（扩展组成员）、协调部门工作的专家。

核心小组法与其他项目组织形式截然不同，因为核心小组直接对项目的成功负责。在职能组织形式中，通常由更高级别的领导做出或批准决策，但在核心小组结构中，通常由最熟悉问题的人尽量在现场做出决策。为帮助核心代表做出最佳决策，核心小组可以从各部门专家那里获取建议、咨询及指导。

二、PDT 团队职责

PDT 是一个重量级的跨职能部门团队，它在概念阶段开始时正式组建，从概念阶段一直到发布阶段执行 IPD 流程。PDT 就像一栋大楼的总包一样，关注在获得利润的基础上建造一栋漂亮的大楼。他们在领导（项目经理）的带领下，以一种跨职能部门的方式工作，各核心成员在所有的产品决策中代表本职能部门做出决策。PDT 的主要职责如下：

（1）对产品的整体成功，包括产品销路、研发、发布和质量负责。

（2）管理和执行新产品开发流程中各种不同的业务和技术要素，并及时做出决策。

（3）在投资决策评审委员会和职能部门会议上定期汇报进展情况，或者定期提交书面报告。

（4）完成各阶段的活动和交付件。

（5）需要时，主动从职能部门管理层和投资决策评审委员会那里寻求帮助。

三、PDT 经理职责

PDT 经理作为 PDT 的领导，对新产品开发项目的成功负责，具体职责如下：

（1）协调、驱动和计划项目的整体实施工作，完成任务书中规定的各项条款。

（2）支持 IPD 方法论，执行 IPD 流程，编撰所有交付件，组织、收集经验、教训，不断改进。

（3）向职能部门经理反映 PDT 核心组成员在项目中的表现。

（4）确保所有成员了解和认同自己的角色和职责。

（5）需要时，让扩展组成员参与。

一个运作良好的项目，PDT 经理应该主动自检下列主要问题：

（1）我们是否了解市场需求？

（2）我们能否承诺按时交付产品？

（3）我们现在是怎么管理进度、成本和质量目标的？

（4）我们需要从投资决策评审委员会那里获得什么决策或帮助？

四、PDT 核心和扩展组成员职责

为了成功管理新产品的开发周期，PDT 核心成员对各职能部门的活动进行协调和集成。他们负责：

（1）以决策评审点交付件和完成项目任务书为中心，管理项目计划。

（2）代表职能领域和职能部门领导在项目中做出决策。

（3）协调、驱动并与职能部门成员（扩展组成员）沟通项目组的活动。

（4）向职能部门经理反馈各扩展组成员在项目中的表现。

PDT 扩展组成员按照部门子流程执行项目任务。他们负责：

（1）执行以日常活动为主的项目计划。

（2）向 PDT 核心成员和职能部门经理汇报项目进度、预算、风险和研发工具需要。

（3）向 PDT 核心成员汇报项目交付件的状态、出现的问题、风险。

（4）需要时，按照 PDT 代表的要求参加 PDT 会议。

五、职能部门团队职责

职能部门团队关注职能部门业务水平的提升，他们必须提高职能部门的竞争能力，分配具有所需技能的资源到 PDT 中兑现投资决策评审委员会的承诺，并规划 PDT 代表的职业发展路线。职能部门团队的职责对一个成功的 PDT 团队运作十分重要。

(1) 关注部门人力能力建设（技术能力与管理能力）

根据公司业务规划进行部门人员的规划，并获得批准。

协助人力资源部门进行员工的招聘、解雇工作。

部门员工的培养：培训、跨项目间案例分享、批评与表扬。

部门员工的绩效管理：绩效计划制订、绩效辅导、绩效考核与反馈、绩效结果运用。

员工职业生涯规划。

(2) 部门技术能力建设

本领域内技术规划，并获得上级技术管理人员的批准。

本领域内的技术研发管理：项目过程管理。

本领域的 CBB 管理：建立 CBB 库并推广使用。

(3) 部门内部变革管理

部门内部子流程建设与优化、IT 工具引入：子流程、模板、指导书、规范、检查单制订与持续优化，并用 IT 系统固化。

新工具引入与培训。

(4) 部门基础管理

部门绩效目标管理与实现。

执行部门内部的预算管理与控制。

部门会议等基础性工作。

(5) 派出人员参与团队工作（部门经理避免直接控制项目，但提供技术方面的专业技能和建议）

向 PDT 等公司级项目团队提供资源，和项目经理协商确定代表。

和代表协商确定扩展组成员。

为 PDT 代表和扩展组成员提供技术指导，在部门内部对代表交付的工作、产品进行评审，保证质量、进度、成本，完成对项目的承诺。

海尔集团于 2010 年全面推行“自主经营体”管理模式，目前约有 4000 个“自主经营体”，每个经营体类似于一个产品经营管理项目，由产品经营体的项目经理管理团队。

自主经营体机制需具备两个条件：一是矩阵组织；二是以人为索引的核算体系。每个自主经营体必须具备三个要素，才能真正实现“双赢”的目标：“端到端”、同一目标、倒逼体系。

这些自主经营体如同“自组织”，不但能迅速感知外界变化，发现和创造客户需求，而且能不断修复价值目标，使其不偏离“客户需求”的最终目标。

“端到端”指市场一线经理或产品代表从客户的难题出发，到满足客户的需求为止，即从客户端的需求到满足客户端的需求。

共同目标，即定下产品开发目标后，如销量、销售额、利润等，这些目标不是个人的，是所有团队成员共同的目标。按照共同的目标满足客户需求，解决客户问题。

倒逼体系，即将用户的要求作为目标，倒逼企业内部所有流程：一线产品代表员工面对客户，将客户的难题和需求反馈给产品项目团队，项目团队共同研究和解决客户问题。因此，要解决问题，员工就要倒逼领导提供资源、提供支持、提供服务，形成领导为员工服务、员工为客户服务的倒三角体系。

第七章

建立并行作业的新产品开发流程

华为需要实现流程化，就像一条大蛇，蛇头不断随需求摆动，身子的每个关节都用流程连接好了。蛇头转过来，组织管理就能跟得上变化。如果没有流程化，蛇头转过去了，后面就断了，修复这个断节，成本会很高。流程化就是简化管理，简化服务与成本。

——2014 年 6 月，任正非接受《第一财经日报》采访时如是说

第一节　正确理解 IPD 之结构化流程

“产品开发过程就像一个黑箱子，市场需求传递给研发体系，到需求形成产品之前，对我来说是不可知的，产品出来那天才知道出来的是魔鬼还是天使。”在访谈时，一家企业的总经理这样说，因为这家企业缺少结构化的新产品开发流程。

结构化的思想来源于 PACE（产品和生命周期优化法，IPD 的来源之一）。所谓结构化，是指相互关联的工作要有一个框架结构，要有一定的组织原则支持它；每项工作都应清清楚楚地规定出来。所有与产品开发有关的人都应该清楚自己参与的是什么工作，用什么方法完成。

在 IPD 体系中，开发活动是以一个层次结构构架的，从阶段到活动再到子活动，IPD 体系在原则和创新之间达成平衡。因此，结构化并不会阻碍创造力的发挥，它允许项目组把精力集中到开发产品这个实际问题上，并不需要每次都重新明确开发过程。

在某些公司中，产品开发过程是无结构的，大部分工作也未清楚地

定义出来。术语上没有一致性，即每个项目小组单独地确定自己的工作定义，没有共用的流程构架，产品开发过程很难得到改进。

一旦开发人员理解了开发过程结构，就能从繁杂、单调的任务中解放出来，就会接受并将更多的时间花在创造性的增值工作上。

如果缺乏结构化的流程，每次产品开发采用的方式都不同，就会导致两种情况：第一，没有可参考的经验，没有学习的榜样。项目越做越大时，开发周期也越来越长。第二，当某个人找到改进方法或窍门时，没有办法把它标准化并运用于其他项目中，难以衡量它的过程并加以改进。

“结构化的并行开发流程”作为 IPD 的核心思想之一，经常被片面地理解为文档化、规范化或流程化。

在对产品开发进行结构化定义的时候，公司会出现两种极端倾向。

一是没有结构化定义的过程，产品开发工作就会失控。每个人都在忙碌，没有人有时间真正思考，而且项目组成员不明白自己负责的工作如何与项目整体衔接。文档化的东西很少，高层管理人员的大部分时间用在与项目有关的“救火”工作上。

二是过度的结构化。表现为每个人的计算机中都存放着大量的开发文档和日志，开发人员遵循既定的开发过程行事。然而，过于烦冗的过程文件，使管理和审批变得官僚化，产品开发速度很慢。这些公司在定义产品开发过程细节方面做了非常细致的工作，但是过分结构化影响了正常的产品开发效率和进程。

为了避免陷入极端，我们必须正确理解结构化的意图，并在产品流程结构设计过程中，一方面考虑可重复和可衡量的要求，另一方面对新思想和新方法采取灵活和开放的态度，正确地划分和定义结构、层次，以取得平衡。IPD 体系通过提供适当层次的结构定义实现了上述平衡，开发过程得到了应用，并且可以适当地衡量和不断地改进。

业界最佳的业务管理模型包括 3 个紧密联系的主要业务杠杆，它们是建立和保持对市场发展趋势的远瞻——市场管理；通过 IPD 进行的产品革新和开发管理；通过供应链管理实现的最佳成本效率，满足企业发现价值、创造价值、传递价值的目的。就像一个三条腿的凳子一样，每条腿对支持业务的效果都是十分重要的。同时，世界级竞争对手按照统一的产品开发业务模型运作。

（1）针对具体的目标市场设计产品。

（2）设计时考虑整个市场而不仅仅是单一的客户。

（3）设计时明确定义产品需求和规格。

（4）在 Beta 测试前，必要时在试验室内进行产品集成测试和内部试用。

（5）推出（发布）产品时，销售、制造、营销和支持渠道都做好了准备。

基于市场的集成产品开发提供一种系统的方法，可以更有效地明确和开发新产品。它对目标细分市场进行选择，并与产品开发部门相结合，满足目标细分市场的需要。通过基于事实的决策流程对新产品包投资的优先级进行排序，获得最大的回报。

公司的每个部门并行工作，开发针对客户需求的新产品或服务。要达到并行开发的目的，要借助：

（1）管理体系和工作流程互补。

（2）跨部门的绩效考核工具。

（3）跨职能部门团队和基于团队的管理。

从了解市场到产品开发，再到产品生命周期管理，每一步都是由客户的输入牵引的。在每个决策评审点进行评审时，由职能部门管理层代表的跨职能部门投资委员会根据事实做出决策，决定是否继续提供资金，使项目进入下一个阶段。这种流程可以更快地、以更低的成本向市场交付成功的新产品或服务。

第二节　建立全要素的IPD流程

一、企业各自为政现象严重

一家通信企业的新产品销量不好，老总要求营销部门分析原因。销售部门提交反馈报告的结论是，新产品没有竞争优势，早期产品的质量问题也大大影响了客户的信心。

消息传到了产品开发部，开发人员义愤填膺："我们拼了命把产品开发出来，各项性能指标都达到了预定的要求，一些指标还处于国际领先水平，明明是销售人员无能，还要把责任推到我们头上。"项目主管为此连夜给老总写了一份报告，老总看到两份截然不同看法的报告，很是困惑。

一家消费类电子企业为了加强产品规划工作，成立了产品规划部。研发部主管对此不以为然："过去我们根据市场需求开发了那么多成功的产品，今后我们等着规划部'闭门造车'吧，反正我们根据他们的策划方案开发产品，产品能否成功只能听天由命了。"

一家电源企业一直受产品不能及时交付给客户的问题困扰，于是决定按照交货及时率对制造部门和发货部门进行考核。根据部门的职责分工，对制造部考核的及时交货率是按照产品入成品库计算的，对发货部考核的指标是领到成品到交给运输单位的周期。这样运作一段时间后，各自的指标都完成得不错，但是由于成品存储、信息沟通、运输单位的耽搁等方面的原因，产品不能按时交给客户的问题依然没有解决。

一家自动化设备公司的销售人员经常抱怨："协调公司内部各部门的关系比做客户关系还难。"商务部、生产部也有自己的苦衷："销售人员动不动就拿客户压我们，他们签单从来不考虑内部资源和时间限制，总是一大堆急单，甚至签一些公司还没有开发出来的产品。"

在企业运作中，类似的问题不胜枚举。究其原因，关键在于传统职能化组织管理造成部门意识根深蒂固，各部门各自为政，"各人自扫门前雪"，"我的地盘听我的，谁都别来插手"，"我只向我的主管负责，要让我配合你们的工作，你去找他"，只关注所谓的部门利益，不顾公司的整体效率和效益。

随着市场变化越来越快，竞争越来越激烈，部门意识以及由此形成的"部门墙"、部门壁垒、部门割据成为企业绩效低下的根源，应该以全要素的新产品开发流程取而代之，也称全流程。

二、全流程管理

所谓全流程，顾名思义，就是全面的、完整的流程，明确一点，就是"端到端（从客户端到客户端）"的流程，即来源于客户需求，最终满足客户需求的完整的过程。全流程意识是指由此形成的流程化运作、团队化运作。

（一）全流程意识强调以客户为中心的观念

流程中的每个部门、每个员工要真正做到以客户为中心，需要树立主动、认真倾听客户声音和把握客户需求的强烈意愿，养成依据明确的客户需求开展各项工作的习惯，努力为客户交付合格的产品和服务。部门意识往往使我们忽略客户、忽视客户需求，而全流程意识告诫我们：我们存在的理由和价值就是为客户服务。

（二）全流程意识要求全员关注流程结果

流程中的每个部门、每个环节都要关注全流程的结果，而不是只关注自己的工作，一旦接口或最终结果出了问题，各部门想的不是如何解决问题，而是不停地推诿、扯皮，好像出了问题谁都没有责任。全流程意识牵引我们：整体优于局部，贡献优于职能。

（三）全流程意识是对事负责，而部门意识是对人负责

对事负责制是开放的、扩张的，在机会面前、在客户需求面前、在职责和任务面前，员工要主动扮演好自己的角色，快速响应市场变化，为客户提供满意的产品和服务。对人负责制是封闭的、收敛的，员工关心的是上级的评价，听命于上级，置横向流程的要求于不顾，无法满足客户的需求。

（四）全流程意识与一般的流程意识不同

一般的流程意识侧重于按照流程规范行事，倡导“下一道工序就是客户”，注重下一个环节的需求，或者希望通过流程把工作程序固化下来。全流程意识是一种对客户、对工作的本源性认识，帮助我们从本

质上思考工作的真正目的是什么——通过全流程的有效运作，为客户提供满意的产品和服务，同时实现公司和自身的价值。

三、如何建立全流程意识

如何建立全流程意识？重点从价值观、考核机制、团队及流程运作三个方面努力。

（一）建立崭新的客户观、责任观

全流程意识无疑是对传统部门意识和思维方式的挑战。人们在工作中习惯于听从上级的指挥和指令；完成自己“分内”的工作；对自己无法控制的事情显得无能为力甚至认为事不关己；出了问题倾向于把责任推给别人；我的“山头”谁也别来插手；等等。全流程意识需要摈弃这些传统的观念，建立崭新的客户观、责任观、协作观和管理观。

我在为一家企业做咨询时，要求产品开发项目组对产品的市场效果负责，很多开发人员就不认同：“项目又不是我们选的，我们也无法控制市场销售，为什么要对市场成功负责？”我们从全流程意识的必要性、紧迫性和重要性对开发人员展开说服工作，晓之以理，并诱之以利——全流程意识对项目的成功和个人的成功有利。最后，总算说服了绝大多数研发人员。

由此可见，要树立全流程意识，需要重塑和宣传贯彻价值观。遗憾的是，很多公司的高层也对全流程意识缺乏认识，比如，我接触了一家知名的通信企业，刚刚与一家知名的咨询公司合作企业文化的咨询项目，在核心价值观的提炼稿中，我看不到任何与全流程意识相关的内容，不能不说是一大败笔。所以，树立全流程意识还得从高层抓起。

（二）从考核机制上支撑全流程意识是关键

首先，要把全流程的指标和目标责任落实到流程的每一个环节，强调部门的连带责任，不迁就部门的可控性。更不能用通常的做法，各部门只管自己可控的指标，不顾流程的整体表现和最终客户需求。

其次，建立双重乃至多重的考核评价机制，也就是事情由谁管就由谁评价。比如，设计工程师在项目里的工作由项目经理指挥，当然也应该由项目经理考核评价，最终汇总给设计工程师的直接主管进行综合评价。通过这种评价机制牵引，形成对事负责的全流程意识。

（三）全流程意识需要通过团队及流程运作来落实

全流程意识的具体体现是通过跨部门的流程团队完成流程的各项活动。跨部门的流程团队必须承担全流程的目标和责任，也必须获得高层团队的授权，得到职能部门主管的支持。在这种明确的责任机制和授权机制下，团队成员随时感受到客户需求的脉搏并积极响应，他们通过高效的沟通、协调和决策，及时解决流程运行过程中出现的问题。同时，全流程意识也在这种协同的工作环境中逐渐形成并得到强化。

第三节　如何设计卓越的 IPD 流程

一、公司级三大主流程

通过对几百家中国企业访谈和调研，我发现，这些企业要么没有流程，要么将流程束之高阁，甚至在企业内部已经达成了共识：企业做流程没有用，大家的执行力不足。

我并不是说企业建立了流程，流程得到了执行，就可以杜绝问题。但大量领先企业的成功实践表明：通过流程建设，可以大大降低这些问题发生的概率，如国外的 IBM、国内的华为、联想集团、万科地产、深圳迈瑞科技等优秀企业。

曾经提出 BPR（业务流程再造）的美国流程优化专家迈克尔·哈默，将卓越企业和普通企业对比后得出结论：对于 21 世纪的企业来说，流程非常关键。优秀的流程将使成功的企业与其他竞争者区分开来。

对于企业的流程建设，我们要统一规划、分步建设，如就企业产品运作而言，规划出公司级的主流程和支撑这些主流程运作的子流程：成功的企业往往有公司级的三大主流程。说它是公司级的主流程，是因为这些流程中规定了为了达到最终目标，需要各业务部门共同努力，而不仅仅是一个部门的事情。如产品开发流程，不是技术部门就能把产品开发出来的，需要市场部门、采购部门、质量部门、生产部门等协助完成。

在企业产品运作方面，公司级三大流程分别是：

（1）产品市场管理流程（MM），其目标是对市场进行分析，规划出公司要开发的产品，涉及销售部门、市场部门、服务部门、技术部门等。

（2）集成产品开发流程（IPD），其目标是快、好、省地将产品推向市场，涉及所有业务部门。

（3）集成供应链流程（ISC），其目的是快速履行合同项目，涉及销售部门、采购部门、生产部门、质量部门等。

二、如何建好三大流程

（一）流程设计要树立客户的观点

流程是为客户更好地服务而设计的，公司内部组织（部门）是因为流程而建立的。按照成功的流程做事，产生成功的结果的可能性大大增强。所以，为了指导公司内部的业务团队更好地工作，有必要设计流程。一个成功的流程是由资深顾问和企业资深业务人员共同设计而成的，集成产品开发流程是为了向客户快速、完整地交付产品，为指导企业内部业务团队（产品开发团队）工作设计的。

设计流程要站在终点的客户角度。从客户的角度看待流程目标，目标不只一个，如产品开发流程，不仅仅是为了交付一个合格的产品，而是要交付合格的产品包：不仅产品本身是合格的，还要有产品使用指导、产品说明（要在流程中设计“资料开发”的活动等），要有售后服务（要在流程设计“开发服务策略”、“开发服务方式”等）。站在公司的角度，这个产品是能宣传的（要在流程中设计“开发市场宣传资料”等）、产品是能够注册的（在流程中要设计“开发产品注册资料”等）、项目结束是能够申报专利的（在流程中要设计“开发专利交底文件”等），只有这样，产品开发流程才是完备的。

企业的实际情况是，产品开发往往只是技术人员把产品本身提交出来，其他方面并没有在产品开发项目中体现出来。

（二）流程是分阶段的

将流程分阶段设计，一是为了控制业务活动；二是对管理者来说，业务活动是透明的，要做到可视化管理。

如产品开发流程，往往会按照概念阶段、计划阶段、开发阶段、验证阶段、发布阶段进行设计。在概念阶段结束时会设计一个决策评审点，由公司的高层领导决定要不要推进这个产品开发项目。在验证阶段结束时，决定要不要向市场发布产品。因为每次通过决策走向下一个阶段，都意味着要继续投资。

另外，在每个阶段内也会设计一些技术评审点，关注技术实现成熟度，通过技术评审点设计降低返工成本，如在概念阶段设计针对市场需求的评审点，在计划阶段设计针对技术方案的评审点。

（三）要建立“端到端”的观念

设计流程时，我提倡“端到端”的设计理念。所谓“端到端”，是指为了最终的目标，要把所有的角色、所有的活动识别出来，漏掉一个角色、漏掉一个活动，都将会对目标的实现产生影响。

（四）流程中活动的颗粒度要细到可以执行

流程是分级的，给公司领导设计的流程，我称之为高端流程，有具体的阶段和主要的控制点就够了。对开发人员如果只有高端流程，就是一个不可操作的流程。

我发现，一些通过 ISO9000 认证的企业程序文件得不到执行，其中一个原因就是没有把活动识别到可以执行的颗粒度，特别是给基层人员设计的流程，没有要求细到一个人一周内要完成的工作。如设计产品开发流程时，往往不是一个比较粗的“实施测试分析”活动，而是将“测试分析”细分为“制订测试方案”、“准备测试环境”、“实施测试”、“编写测试分析报告”等具体的活动，这样对开发人员才具有指导作用。

(五) 和业务人员共同创作

在一些企业中，我经常发现，指导业务团队的工作流程往往是管理者，或是顾问设计出来后让员工被动执行，这样做的效果并不好，为什么呢？我进行了细致的分析，一是领导者和顾问并不了解细致运作的活动和方法，制订出来的流程和实际运作情况严重脱节；二是从心理上分析，员工认为这是站在领导者或顾问的立场上制订出来的流程，并没有站在员工的立场上，让员工心甘情愿地执行这些流程很难。

所以，在制订业务流程时，管理者和员工要共同探讨、共同设计，设计出双方认可的流程指导业务工作队伍。

第四节　防止流程成为摆设

一些企业经常说："公司制订了流程制度，就是得不到执行。总结成一句话是'没有执行力'。"通过对企业调研，我发现了执行不力的主要原因，如图7－1所示。

在这些原因中，我们将公司领导不重视放在第一位。因为一个成功的流程设计，和原来的组织运作模式不同，往往是一个企业变革的体现，如果领导不重视，变革将无从谈起。再者，如果领导成为破坏制度的第一人，将会在企业中起到"示范"作用，遗憾的是，许多企业的领导者都是破坏企业制度的始作俑者。

缺少流程审计排在第二位。大多数中国企业缺少这项业务活动，是企业流程制度得不到执行和持续优化的重要原因。通过审计活动，才能

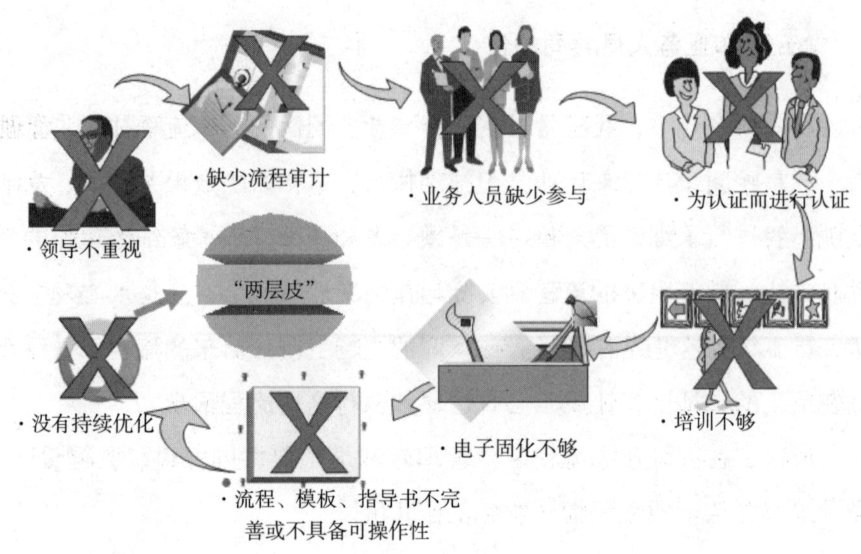

图 7-1　企业流程缺乏执行力的原因

发现流程是否有问题，流程有问题就要进行优化；还可以发现没有遵守流程的组织或个人，并把这些信息暴露出来。

我在一些企业中还发现，流程得不到执行是因为流程制订的目的不明确，是为了通过认证而制订流程。我调研的一家企业，通过了ISO9000 体系认证，制订了一大堆程序文件，装订也非常精美，但在实际运作中没有得到执行。后来我了解到，这套文件是从某家认证公司花了 4 万多元买来的，只是走过场。企业通过了认证，在宣传手册上写上公司通过了 × × 认证。不只是 ISO9000 体系，我发现制药企业的 GMP 体系认证也出现了类似现象，集成能力成熟度模型 CMMI 体系认证也慢慢地走偏了。

第八章

IPD 落地实践的关键点

引进世界领先企业的先进管理体系，坚持“先僵化、后优化、再固化”的原则，坚持“小改进、大奖励，大建议、只鼓励”的原则，持续地推进管理变革。

——任正非

第一节 IPD 咨询：企业的好帮手

一、IPD 咨询的三个阶段

IPD 咨询在中国已经存在 10 多年了，经过 10 多年的成功实践，IPD 咨询项目生命周期分为三个阶段：调研诊断阶段、共同设计阶段、试运行指导阶段。

（一）第一阶段：调研诊断

由顾问公司主导进行系统性调研诊断，其目的：一是对公司存在的产品经营管理问题进行诊断和定位；二是顾问全面、系统了解被咨询的对象；三是通过现场报告，让员工意识到管理问题，增强紧迫感。

要强调的是，IPD 是面向产品经理管理体系建立的，因此，调研、咨询的对象是公司层面，不仅仅是研发部门层面，对市场需求管理、新产品开发管理、产品线或事业部组织形式、跨部门项目管理团队组织形式、项目经理培养、矩阵模式下公司绩效管理现状等进行调研诊断，提交调研报告和咨询项目建议书。

这个阶段一般持续 2 ~4 周，根据企业规模、咨询对象、咨询内容而定。

（二）第二阶段：共同设计

由顾问公司和被咨询公司双方组成联合咨询团队，共同建设 IPD 管理体系。

让中高管理层在共同设计阶段学习 IPD 管理方法，如市场调研、市场分析、新产品决策管理、技术评审管理、项目管理、绩效管理等，边培训、边针对性设计公司管理流程与机制。共同设计阶段，一是为了设计交付咨询内容；二是由顾问培训中高层管理团队，用 IPD 管理模式思考、经营公司。共同设计阶段包括以下咨询内容：

（1）公司层面投资决策管理机制设计

研发是一项投资行为，在进入新产品开发团队之前就要进行决策评审，过滤掉未来市场上不成功的项目。因此，要建立决策管理机制，内容包括建立业务决策团队、决策团队运作机制和决策操作指导机制。

（2）技术评审管理机制设计

建立技术评审机制，保证研发过程交付件质量。内容包括建立技术评审委员会，分层次进行技术评审，建立技术评审操作指导机制。技术评审过程包括预审、评审会、会后活动，以及技术评审中各角色与职责、技术评审分层管理等。

（3）客户需求管理工具 $APPEALS 设计

我发现，相当多的企业缺乏市场需求管理机制，市场需求信息贮存在少数高层人员或销售人员的脑袋中，新产品开发没有从多角度描述客户需求。

建立客户需求分析工具 $APPEALS：建立 $APPEALS 各要素，识别二级要素，明确各要素重要度，指导市场人员系统、明确收集市场需求，为新产品开发提供输入口。

（4）新产品开发管理机制设计

按照“端到端”、并行工程管理思想，建立跨部门的、结构化的新产品开发流程，流程中体现市场导向、投资行为、并行工程、质量保证、项目管理的思想。具体内容如下：

新产品开发流程图设计：采用黄纸贴的形式，按照“端到端”的思想，设计新产品开发流程图，分为概念阶段、计划阶段、研发阶段、验证阶段、发布阶段。

新产品开发活动描述设计：对流程图中的每项活动进行描述，即对每项活动制订操作指导，指导项目团队成员开展工作。

新产品开发模板设计：包括市场需求说明书、技术方案、项目计划、测试方案、营销方案、产品业务计划书等相关的模板设计。

新产品开发团队职责设计：按照矩阵模式，建立跨职能部门的新产品开发团队组织结构，描述团队中每个角色职责。

（5）技术研发管理机制设计

按照异步研发策略，将技术研发与新产品开发相分离以降低新产品开发的风险，建立技术研发流程。内容包括：

从上往下，将公司的业务依次划分成解决方案层、产品层、技术平台层和技术要素层，将公司重点业务分解到技术要素层，识别核心技术，为核心技术建立相应管理团队。

按照异步研发策略，将技术研发和新产品开发分离，建立技术研发管理机制，包括新技术研发流程、活动描述、相关模板等，以指导技术研发团队开展工作。

（6）研发项目管理机制设计

建设基于 IPD 的项目管理模式及跨部门团队，对项目计划进行管理和控制，以增强研发项目可视化管理、可控性管理。具体内容包括：

项目进度计划与监控、问题管理、项目例会管理、项目报告管理操作指导，指导项目经理、项目团队成员做好项目管理工作，以培养公司按照目标管理模式管理研发项目。

建立风险识别、风险评估、风险控制的风险管理机制，控制市场风险、技术风险、管理风险、采购风险等。

（7）公司组织结构职责优化设计

建立产品经理负责制，对产品经营目标绩效负责。

完善市场部组织结构及职责，为新产品开发的市场导向打下基础。

完善公司的质量保证体系，将质量保证引入研发过程，因为产品质量是设计出来的。

引入矩阵式管理模式，建立“端到端”公司层面的大项目管理组织，建立专职的 PDT 经理，在公司层面横向由 PDT 经理进行项目协调和实施，将高层管理者从日常的项目管理工作中解放出来。

（8）公司绩效管理机制优化设计

优化原来的职能式绩效管理模式，建立矩阵式管理模式，使用平衡记分卡，将公司的战略目标、年度经营计划逐步分解到事业部、PDT 团队、职能管理中心/部门，建立公司绩效管理体系。具体内容包括：

研发项目团队 KPI 指标体系设计：针对不同项目团队，如业务规划团队、新产品开发团队、新技术研发团队、需求管理团队等，建立 KPI 指标辞典，对项目团队进行系统考核。

建立 PDT 经理对核心代表绩效管理机制，由职能经理和项目经理共同评价成员。

共同设计阶段一般为 3～6 个月，可根据企业规模、咨询内容进行调整。

（三）第三阶段：试运行指导

按照“扶上马送一程”原则，保证 IPD 管理机制在公司落地。具体内容包括：

制订试运行方案、培训方案，帮助公司试点实施、组织管理，并通过顾问外部审计方式，识别试点中存在的问题，并提出优化方案。

总结咨询项目，总结经验与教训，为在公司大面积推广 IPD 打下基础。

前面所说的 IPD 咨询项目过程与咨询内容，是一般企业的做事方式，咨询顾问调研诊断后，有可能根据企业的具体问题，在咨询内容上做微观调整。

二、IPD 咨询给企业带来的效果

咨询项目的最终效果需要甲乙双方共同努力配合才能显现出来，包括短期效果和中长期效果。

（一）短期效果：管理干部培养与企业无形资产建立

主要用定性指标描述，表现在以下方面：

员工理念转变。通过培训、共同设计体系，以及咨询方案的实施，改变公司的经营管理理念，特别是通过共同设计，将公司中高层管理干部的经营思路统一到 IPD 理念上。

跨部门合作文化和团队工作机制。通过实施 IPD 咨询项目，在公司形成跨部门合作的文化，倡导团队作战，共同对最终的业务目标成功负责等。

流程意识，建立对事负责机制。通过实施 IPD 咨询项目，客户需求收集、新产品交付、项目管理业务活动等均有相关流程作为依据，相关部门严格按照流程标准从事业务活动，保证成功过程可以被复制。

项目计划与控制管理文化。通过 IPD 咨询项目，员工在日常工作中养成为完成目标做计划、监控计划、监控风险的习惯，提升了项目管理的能力。

质量保证意识。通过实施 IPD 咨询项目，强化员工的质量意识，除细化质量控制活动外，还引入质量保证活动（持续过程审计）并在实际工作中执行。

建立无形资产。通过咨询项目共同设计工作，为公司产品管理和交付提供一套过程资产，将成为公司的无形资产。这些无形资产包括需求管理机制、新产品开发项目交付管理机制、跨部门团队工作管理机制等。通过这些机制，可以指导员工做事的方式，员工方法统一了，公司效率就会提高。

缩短新员工成长周期。通过公司管理机制建设，在公司规模扩大时，可以让新员工快速学习公司的运作模式，加快员工成长速度，缩短新员工成长周期。

培养复合型人才。用项目管理方法管理新产品开发与交付过程，培养 PDT 经理跨部门业务管理能力和技能，为公司业务发展提供后备管理干部。以此为契机，可以将项目管理方式引入合同履行项目、招投标体系、工程项目、生产设备维护项目等。

培养中高层管理团队管理能力。参与 IPD 咨询项目的成员是公司中高层管理人员，通过 IPD 体系共同设计和推进实施，培养一批懂业务经营的中高层管理人才，提高中高层管理团队的整体能力，建立起不依赖个人、依靠组织力量的公司能力。

（二）中长期效果：项目周期与费用降低、质量提高

咨询项目实施 1 ~ 2 年后，可以用定量的指标描述咨询项目效果。

有效积累公司的研发知识经验库。避免重复犯错，减少项目损失（用“废弃项目比重”度量）。

提高产品质量。在结构化的流程中，系统识别和设置技术评审点、测试活动等，并通过过程管理，达到提高产品批次合格率的目标，提高公司的品牌价值（用“泄漏缺陷数”度量）。

缩短项目周期。通过规范的新产品开发流程，减少研发中的返工和等待时间，从而比竞争对手更快地抓住市场机遇（用“项目周期”度量）。

降低项目费用。缩短研发周期并节省新产品开发费用，同时，通过评审、测试等，减少返工次数，降低费用（用“投资收益比”度量）。

提高公司的人均效率（用“人均销售收入”度量）。我于 2008 年年初启动步步高通信科技 IPD 咨询项目——开发与销售功能机，至 2012 年年底步步高通信科技从 2000 多名员工发展到 3000 多名员工，年销售收入从 20 多亿元提高为 80 多亿元。2013 年，公司近一万名员工，VIVO 智能机年度销售收入近 160 亿元。

PRTM 咨询公司是一家世界著名的管理咨询公司，1976 年成立。该公司是经营战略规划、供应链、新产品开发和客户关系管理方面的领导者。PRTM 在全球有 16 个办事处，为主要的行业及政府部门提供咨询服务。PRTM 公司是世界前 50 位管理咨询公司，2002 年和 2003 年被 Consulting magazine（《咨询》杂志）评为“前十佳雇主咨询公司”。

PRTM 公司经过长期的调研统计发现，成功实施 IPD 能给公司带来以下好处：

（1）产品投入市场时间（开发周期）缩短 40%～60%。

（2）新产品开发浪费减少 50%～80%。

（3）新产品开发生产率提高 25%～30%。

（4）新产品收益（占全部收益的百分比）增加 100%。

第二节　开放的心态

每个人都要照镜子，看看衣服是否得体、容颜是否整洁。世界如同一面镜子，可以帮助人们时时检讨自我。最重要的是，照镜子的人应有一颗开放的心。有开放的心，才懂得在平面镜前检讨自己的丑陋及矮小，才能明鉴哈哈镜里或高大壮硕或貌美如花并不是真实的自己。

我出生在一个非常贫穷的农民家庭，小时候经常有吃不饱饭、冬天缺衣少鞋的事情。现在回想起来，那时的自己每天过得都很开心、过得很满足，因为周边的孩子和我一样。直至我到城里读大学，以前照的镜子顷刻碎掉。我突然明白，自己在哈哈镜前逐渐长大了。

生于 20 世纪 50—70 年代的人最感谢的人一定是邓小平，因为他将中国人沾沾自喜、照了多年的哈哈镜打碎了，让人们以一颗开放的心、平和的心、自强的心来照平面镜，改革开放伴随每个中国人前行。

一个国家若无开放，绝无好的改革。企业研发，开放的心态是自我救赎的护身符。

十几年前，我所在的公司请了深圳的一家顾问公司。从顾问进企业那天开始，我就感到企业的研发人员相当“看不起”顾问，认为这些顾问连程控交换机怎么开发都不懂，还做什么研发管理咨询。当顾问提出调看研发文档时，他们以“技术保密”为由拒绝。顾问向他们讲解 IPD 的管理思想，他们还没等顾问说完就说：“这套东西不适合我们企业，还不如我们的好用呢。”他们常常把“我们的专利很高”“我们的发明是中国首家发明”挂在嘴上。

后来，顾问也想明白了，既然你们公司这么出色，又何必请顾问公司？

前段时间，我在街上偶遇该公司原来的同事时，他黯然地说：“公司几年前就不行了，不再是产品公司，变成投资公司了，老板已经不做产品了，把厂房租给别人，靠收租生活了。”

在这个世界上，最不能做的就是照哈哈镜或自我欣赏、自我取悦。这样扭曲的心灵必然带来扭曲的世界观及扭曲的人生。唯有开放的心态，才是照亮发展的大道、中国企业研发管理变革的源泉。

“20 多年来，我们花费数十亿美元从西方引进了管理制度。我们回顾走过的历程，虽然在管理上已取得了巨大的进步，创造了较高的企业效率，但还没有真正认识到西方工业革命的真谛。”这是 2014 年 6 月任正非在一次讲话中对华为成立 20 多年来管理优化的总结。

接着他又说：“西方公司自科学管理运动以来，历经百年锤炼出的现代企业管理体系，凝聚了无数企业盛衰的经验教训，是人类智慧的结晶，是人类的宝贵财富。我们应当用谦虚的态度下大力气把它系统地学过来。”

华为用谦虚的心态向西方学习，最后，产品走向世界。

如果一家企业没有建立与世界接轨的管理平台和创新平台，没有建立有活力的创新管理体制，没有开放的心态向成功者学习，其管理体系支离破碎，企业如何能对创新活动进行有效的管理、对知识型员工的创新活动进行有效的激励和约束？

第三节　充分准备，营造氛围

IPD 变革是企业发展史上的一项重大变革，是一个里程碑事件，不是细枝末节的小打小闹。企业的高层管理者在一开始就要下定决心变革，而不是犹豫不决、瞻前顾后。正如任正非说的：“IPD 要培训、培训、再培训，考试、考试、再考试，让考试不合格者下岗！”

一、IPD 变革涉及的方面

从本质上说，IPD 变革涉及企业文化、组织结构、流程、产品、绩效管理重整。这些方面都对公司有重大影响，都是公司层面的事情，而不是某个职能领域的事情。

（一）IPD 变革对企业文化的影响

IPD 提倡团队文化，流程、组织结构、绩效管理方面都提倡团队工作文化。团队核心成员在业务经理的带领下，完成公司高层管理团队赋予的目标，如新产品开发团队，在 PDT 经理的领导下，完成公司高层管理团队赋予的新产品开发目标，这些目标可能包括新产品销售收入、利润、市场占有率等。这个团队是在公司层面成立的，成员包括市场人员、服务人员、销售人员、技术人员、制造人员、采购人员、质量人员、测试人员、财务人员等，是公司层面的跨部门团队，而不仅仅是技术人员组成的团队。

实际上，经过 IPD 变革后，团队作战的模式要深入人心、深入公司的文化，因为 IPD 提倡的团队作战也适用于其他业务活动，如新产品规划、技术研发、招投标、合同项目履行等。从本质上说，许多企业活动的目标就是团队完成的。

（二）IPD 变革对组织结构的影响

组织结构重整，是因为中国企业的组织结构职责缺失，如产品管理职能、项目管理职能、流程变革管理职能，甚至是质量保证职能、市场与 Marketing 职能，这就需要借助 IPD 变革，对公司的组织结构与职责进行完善，甚至按照产品线管理模式，进行公司组织结构设计。组织结构重整的另一个含义是，公司原来的组织管理是职能式管理，现在通过变革转换为矩阵式管理模式。公司组织结构调整，一向是公司的重大变革。

（三）IPD 变革对工作流程的影响

流程重整，是把公司的流程分级，如新产品开发流程为公司的一级流程，这个流程是服务于新产品开发最终目标的。为完成这个目标，建立流程时，把所有的活动识别出来放在流程中，而不仅仅是非研发部门的流程。因此，在建设流程的过程中，本身就要在公司层面成立跨部门团队，这些流程包括新产品开发流程、技术研发流程、市场管理与产品规划流程等。

（四）IPD 变革对产品结构的影响

所谓产品重整，是把公司对客户的交付内容（向外部交付），以及为内部交付内容（如技术模块研发成功后交付给新产品开发团队）进行业务分层管理，包括解决方案层、产品层、技术平台层、技术要素层，针对每个层次的业务，指定相应的管理团队进行规划管理。每个层次都要面向市场进行管理和研发，而且要求低层次的业务满足高层次业务的需要，犹如一个食物链，层次之间相互关联。这样做的好处是，将公司的业务活动进行细致管理，明确责任主体。

（五）IPD 变革对绩效管理的影响

所谓绩效管理重整，是把原来纯职能绩效管理模式转变为矩阵式管理模式。在职能管理模式中，员工的绩效结果完全由职能部门经理说了算，而 IPD 变革后，团队经理对员工也具有绩效管理的影响力，员工最终的绩效结果评价是部门经理和业务经理共同给出的。目的是使跨部门团队经理的责权对等，有利于团队正常运作。

对公司来说，上述每个方面都是重要的变革。所以，IPD 变革是公司的一把手工程；要公司的总经理下决心在公司层面推动 IPD 变革，在合适的机会点上做一些讲话，表明高层不遗余力地推动 IPD、执行 IPD；要申明公司 IPD 变革的必要性和紧迫性——不改变，公司是没有出路的。

二、准备 IPD 变革，如何扩大影响

在准备 IPD 变革时，要通过哪些活动扩大影响、增强 IPD 变革的效果呢？

（一）扩大宣传

由于 IPD 变革涉及面广、变革内容多、影响层次高，为达到 IPD 咨询的效果，首先要做好宣传。

一般来说，在引入正式咨询项目前，在公司内部进行相关的 IPD 培训，让公司的中高层管理干部参与进来，了解 IPD 的核心思想，如 IPD 是一项投资行为、面向市场进行新产品开发、组成跨部门团队、结构化流程、异步研发、技术模块重用等。通过“松土”培训，让管理者达成统一认识，明白 IPD 是成功企业成功实践的总结。

营造变革氛围，在咨询项目中有许多管理方式：在公司张贴平面画宣传、公司网络宣传、演讲比赛、报刊宣传等，公布出席的情况，表扬全勤人员，对无故缺席或迟到人员进行批评与罚款。

试运行前进行大量培训，让考试不合格者补考或下岗。作为战略，高层要参与推动工作，在体系（部门）引入变革绩效指标，促使高层参与变革的培训和推进工作。

（二）通过咨询公司，进行内部调研诊断

可以引入内部调研诊断，把顾问引入公司。通过调研诊断，发现公司在管理机制方面存在的问题，并由顾问提出初步的解决方案。一般来说，中国企业存在的普遍问题是，部门之间协助困难、业务活动缺乏流

程指导、职能式的考核模式、缺失大项目管理模式、项目延期及质量不高，IPD 正是解决这些问题的成功实践。

顾问通过调研诊断发现问题，为下一步咨询打下了成功的基础。调研诊断结束，会举办一个报告会，把被访谈对象召集在一起，这些被访谈对象一般是公司的中高层管理者、核心员工，通过调研诊断报告会，把问题反映出来，让与会者认识到变革的必要性。

选择咨询公司时，应该花较多时间选择咨询项目经理，因为咨询项目经理会在咨询项目中花大量的时间做咨询，咨询项目经理对咨询效果有重要作用。我要强调，不能允许挂名的咨询项目经理存在。

在某种程度上，咨询项目的商务条款是一项君子协议，因为条款中没有办法把咨询的细节内容详细地说清楚，正如“商务条款中没有办法规定咨询顾问一天要说多少话，而且保证每句话都是有用的”。在正规的咨询公司，咨询商务条款经过多个项目检验，只要不是原则性的问题，甲方不必将主要精力花在深究条款上。

第四节　IPD 变革：企业“一把手”工程

某大型机床公司管理研发的赵副总心事重重地找到我，打开了话匣子：“公司上上下下非常重视研发，5 年来，技术人员从 300 余人发展到 1000 多人。但是，研发人员的增加并没有使产品创新能力及产品竞争力提高。与过去相比，一上市就叫好叫座的拳头产品太少了。新产品要么是质量尚可，但成本太高，推向市场几乎没有利润；要么就是新产品质量问题太多，销售人员及服务人员苦不堪言。现在还有大量的新产品在研发过程中，但很多项目经理吵着人手不够，能按时交付的项目极少，绝大多数项目一拖再拖，还不能保证质量。我现在不能静下心来想想技术问题，天天都是开不完的会、签不完的字、处理不完的协调工作。”

为了全面、客观地了解该公司存在的问题，我对该公司进行了为期半个月的调研。经过专业诊断，顾问认为该公司的产品经营模式、产品需求管理、流程管理、技术重用及知识共享、组织结构及绩效管理方式都不适应该公司市场全球化、产品线多元化的发展路线，是时候实施产品经营模式管理变革了。

调研诊断报告在该公司引起了巨大反响，但这个咨询项目没有启动，原因是“皇帝不急太监急”，公司总经理是生产制造出身，认为顾问诊断出来的问题自己也看到了。最近，刚聘请了一位原 H 公司的副总裁，希望自己的问题自己来解决。

在与企业的交往中，经常遇到研发副总认为企业的研发管理问题很多，再不变革就没有出路的情况。这时顾问反而比较冷静，一定会问：“您这种变革的急迫心情，总经理也一样吗？”如果总经理支持研发副总并主导 IPD 变革，这个项目成功的概率为 80% ~90%。如果只是研发副总“剃头挑子一头热”，总经理不积极参与，这个咨询项目一定不会成功。

成功的 IPD 变革有一些基本特征：

（1）变革是因为对现状不满而产生强大的动力。公司变革的目标清晰，整个变革过程受公司勾画的未来愿景引导；变革是一个综合性的、全面的进程，组织结构及企业文化不可避免地要重新匹配；进行培训和参与协调机制及优秀顾问的专业指导。最重要的是，这一切的背后是因为有“变革领导”强有力的支持。

（2）IPD 变革是“一把手”工程。通过对 IPD 咨询项目的分析，我发现成功实施 IPD 变革的企业的“一把手”通常具有以下特点。

第一，拥有坚定的信念：为了获得竞争优势，变革是必须的。

第二，能够为组织勾画一个令人振奋的全新愿景，阐述这个愿景对每个组织成员的意义，鼓励人们为实现美好愿景全力以赴。

第三，对组织进行重组，对文化进行重塑，有胆量推动公司所需的变革，有能力处理复杂和模棱两可的事情。

国外的调查研究也有相似的结论，沃伦·本尼斯和伯特·南尼斯根据对美国 90 个曾成功进行组织改制的公共部门和私营部门的研究，提出这些领导者的特征，将他们与其他领导者区分开来：他们有能力勾画一个让人相信的愿景；他们对组织进行重组，方便组织追求这个愿景；他们合理地处理内部关系，促进组织的内部学习过程。领导者能给员工一种感觉：“在愿景实现之后，我们将成为公司的中坚力量。”

IPD 变革必将面临一个巨大挑战——人员流动。因为一些干部及员工并不能或不愿意使他们的行为方式适应新制度的要求。

美世德尔塔咨询公司专门从事变革管理研究的专家大卫·纳德勒指出：“处理那些不支持新的文化价值观的经理是一种重要的干预手段。一些经理因为不能适应公司新的价值观而广为人知，他们常常不能掌握或者反对处理人际关系方面的新的技巧和行为方式，无法有效地进行协作、授权和公开、坦诚的沟通等。如果他们不断违反新准则而没有任何处罚，他们就会破坏新的文化价值观的可信性。”

美国联合信息公司的 CEO 拉里·博斯迪，曾经成功领导了联合信息公司的变革。在这个过程中，128 名高级管理人员中的 69 位离开了公司。华为的芯片事业部在推行 IPD 变革时，2/3 的研发人才离开了公司。因此，老员工在变革过程中的流动和新鲜血液的补充是公司成功变革的必经之路。

IPD 变革不是头脑发热的“简单式脉动运动”，而是在企业“一把手”清晰勾画的美好未来之路上，坚定不移地推动组织向更高绩效前行的变革活动。在这场关系企业命运的变革中，舵手不是研发副总，不是外部顾问，而是公司的变革领袖——CEO。

“一把手”重视 IPD 变革，就要花时间学习、了解它。我建议，甲方公司的“一把手”要参加业界的 IPD 公开课。作为“一把手”，他要强调：“公司以后要用这套理念与方法经营与管理公司，任何员工都必须学习它、了解它、使用它。让考试不合格者下岗，不换思想就换位置。”与“一把手”相关的模块，如业务决策评审管理模块，要认真听顾问讲解，并在工作中实施，为其他职员做表率。

在咨询项目过程中，如发现有甲方公司个别管理者不赞成、不参与、不支持 IPD 变革，“一把手”要有勇气为其“换位置”。

在 IPD 咨询过程中，公司管理层要在咨询项目中不失时机地讲话，表明公司的鲜明立场。下面是任正非在 IPD 咨询项目启动会上的部分讲话。

“那些长期不能理解的人，不能理解 IBM 的 IPD 改革内涵，就请他们出去。我们不是终身制，能不能一个月清理一次，一个月发一次任命名单？我一年签 12 次字，每次签字都免费。一定要流动，核心项目小组一定要流动，一定要走掉一些人。

“就 IPD 来说，学得明白就上岗，学不明白就撤掉，我们就坚持这个原则，否则无法整改。”

中山欧帝尔电器照明公司赵伟总经理在咨询项目初期就制订了九条规定。它包括支持 IPD 就留下，不支持 IPD 就走人等内容。

步步高通信科技公司沈炜总经理在 IPD 咨询项目试运行之前，给全体员工发的邮件内容如下：

公司的使命，第一条就是对消费者提供优良的产品和服务。长期以来，我们的新产品开发存在诸多问题，而手机产品这个庞大的研发体系又将问题暴露无遗！

解决问题，既离不开软的（社会、人的层面），即从文化（观念、意识）、人员、风格、技能入手，也离不开硬的（技术层面），即从战略、体系、架构入手。IPD 就是解决长期困扰企业的这个问题的先进的、成熟的研发管理思想、模式和方法，是有效的、科学的、基于全球一流企业成功实践的系统保证！

企业的成功离不开产品，我们的忙碌浓缩成展现在消费者眼前的产品（广义的含服务、终端形象等），要想让企业健康发展，就必须做世界一流的产品，就必须成功地推行 IPD。企业的任何部门任何人都必须高度重视它，必须了解、熟悉它，必须严格执行它，它是必须成功的头等大事！

IPD 的成功推行，是步步高通信能否基业长青的重要前提，也是每个人长期聚在一起组成一个令人难忘的大团队的保证。

第五节　寻找得力的甲乙双方咨询项目经理

一、寻找得力的咨询方项目经理

由于咨询行业进入门槛低，导致鱼目混珠。一两个人租一间房，电话一拉，网站一建，就宣告咨询公司成立。明明对管理体系只懂皮毛，从书本上看一点理论，就扯虎皮拉大旗，号称“点子大王”、“咨询界第一人”、“培训界第一人”，弄得客户不知道请哪位咨询大师帮助变革，导致“不变革等死，变革找死”。

目前，咨询行业良莠不齐、鱼目混珠，能成功收回尾款的咨询项目比率在 50% 以下。这个统计数据意味着有 50% 以上的咨询项目在中途被客户退回顾问，项目就夭折了，但甲方已经付出了大量的直接成本与间接成本。

特别是 IPD 咨询，涉及组织变革、流程变革、产品重整、绩效管理与企业文化变革。在咨询行业所有咨询项目中，我认为，IPD 咨询项目难度之大、对咨询顾问要求之高、对甲方公司重视程度之高，以及对甲方公司影响之广，是其他咨询项目无法比拟的。因为 IPD 是一套产品经营管理模式，不能简单地理解为新产品开发流程。

目前，能够真正进行 IPD 咨询项目的顾问并不多，行业内鱼目混珠促使甲方在挑选咨询公司与咨询顾问时不得不擦亮眼睛。

不变革等死，也不行。企业肯定要在变革中求生存。

从我的经验来看，一个咨询项目失败了，如果要追究责任，乙方（咨询公司）的咨询项目经理要承担 80% 以上的责任（甲方“一把手”不重视导致失败，与乙方咨询项目经理的宣传与推动有关）。

如果把 IPD 咨询项目比作一部电视剧，乙方公司 IPD 咨询项目经理就是导演，可见，乙方咨询项目经理对 IPD 咨询项目成败的重要性。甲方如何找到合适的顾问公司与咨询项目经理呢？

选择咨询公司与选择咨询项目经理相比，选择合适的咨询项目经理重要得多。如何考察项目经理？甲方可以和其面对面地交流，可以聘请其到企业内部讲授课程，可以到其原来咨询过的客户那里了解，特别是最后一种方式，对选择咨询项目经理有重要作用。

一个有能力的咨询项目经理，应该做过 10 个以上 IPD 咨询项目。甲方应该将注意力集中在最近两三年做的咨询项目上，咨询项目的成功率应该在 90% 以上，而不是咨询界 IPD 咨询成功率在 50% 以下（注：一个失败的 IPD 咨询项目，往往在中途就中止了，乙方顾问公司收不回全款），也可以现场考察咨询后的效果。

一个有能力的咨询项目经理，有很强的现场控制能力，有很强的与甲方高层领导沟通的能力，能预测出咨询过程中出现的风险并提醒甲方项目经理关注。乙方项目经理必须深入掌握 IPD 的精髓和核心体系内容，具有系统思维和全局思维，能够真正帮助客户设计一套具备系统性、针对性、可操作性的解决方案。

二、寻找得力的甲方项目经理

在我看来，甲方项目经理管理一个 IPD 咨询项目比在企业同时管理两个新产品开发项目的难度大得多。因为甲方项目经理要与乙方项目经理打交道，还要管理甲方咨询团队，而且这个团队是由公司中高层管理干部，而不是一般的工程师组成的。

我建议，甲方的项目经理由公司的常务副总经理担任，或者可以由具有影响力的管理变革副总、质量体系副总、研发副总担任，总之，在公司有较强的影响力和管控能力。

IPD 变革项目经理应该无障碍地与公司“一把手”沟通，包括项目进展、IPD 核心要求、团队成员表现、变革项目中遇到的困难等。

甲方的咨询项目经理应该具有较强的项目管理能力，能够进行咨询团队建设，如阶段性的庆功总结活动，对迟到与缺席人有适当的惩罚。

甲方项目经理具有强烈的责任感和使命感，具有坚韧不拔的精神。

2008 年，步步高通信科技公司 IPD 咨询项目之所以能成功，与周伟新项目经理的管控能力有很大关系。2011—2012 年，福建南方路面机械有限公司 IPD 咨询项目能取得较好的效果，与陈荣翠副总经理坚韧不拔的精神有很大关系。中山欧帝尔电器照明有限公司在 IPD 模式指导下开发出 LED 新产品，与赵伟总经理选取的项目经理陈立、IPD 推进经理吴仍康有很大关系。

第六节　成立 IPD 推进组，持续优化

华为、中兴通讯有几千人的队伍组成的变革与 IT 管理中心，对公司管理机制持续进行建设、优化与固化。华为流程与 IT 部人员告诉我："2013 年，华为流程与 IT 部员工有 4000 多人，2013 年管理优化费用约 4 亿美元。"

中国大陆地区的企业做咨询项目，效果不好的一个主要原因就是对咨询成果没有持续维护与优化，只是一个脉冲式的管理优化活动，不是一个连续性的管理工作。顾问公司撤走了，管理机制建设与优化也就结束了。

IPD 咨询项目要成功落地，后续的持续优化非常重要。我咨询的客户，推进效果比较明显的公司，如步步高通信科技公司、深圳特尔佳科技股份公司、福建南方路面机械公司、欧帝尔电器照明公司等，IPD 咨询项目结束之时，也是 IPD 推进部门成立之时，这个部门对 IPD 在公司

保持生命力有重要作用。

我建议成立推进部门，包括 IPD 体系管理人员、培训管理人员、审计人员、度量管理人员、IT 固化人员。体系管理人员使用配置管理方法与思想管理咨询过程产生的 IPD 体系文件，并负责持续优化，发布新版本。培训管理人员在公司层面组织培训 IPD 体系。审计人员在公司层面对项目管理、需求管理、流程等 IPD 体系文件进行过程审计，检查体系执行情况，并发现体系文件的缺陷。度量管理人员负责使用 TPM（变革过程度量）方式持续评估 IPD 成熟度，或者组织外部顾问评估 IPD 实施情况。IT 固化人员与 IT 公司或 IT 部门接触，提出 IT 化需求，验证 IT 固化结果。

我要强调，IPD 咨询项目对甲方公司影响之深远、实施难度之大是其他类型咨询项目无法比拟的，甲方公司“一把手”重视、挑选到合格的咨询项目经理是 IPD 咨询成功的重中之重。

第九章

中国企业 IPD 实施案例

管理大师德鲁克认为，在所有组织中，90% 左右的管理问题是共同的，不同的只有 10%。

《诗经·小雅·鹤鸣》："他山之石，可以攻玉。"

他山之石，可以攻玉。意为别的山上的石头，能够用来琢磨玉器。原比喻别国的贤才可以为本国效力，后比喻能帮助自己改正缺点的人或意见。

第一节　华为实施 IPD 案例

一、IPD 在华为引入背景

据华为早期员工回忆："1999 年之前，公司做研发的时候，华为既没有严格的产品工程概念，也没有科学的流程与制度，一个项目能否取得成功，主要靠项目经理和运气。我负责的第一个项目是 HJD48，运气不错，为公司挣了钱。但随后的局用机就没有那么幸运了，亏了。再后来的 C&C08 和 EAST8000 又重复了前面两个项目的故事：C&C08 非常成功，同期的 EAST8000 却被归罪于名字取得不好，成了'易死的 8000'。"这就是 1999 年之前华为产品研发的真实状况，产品获得成功具有一定的偶然性。可以说，那个年代，华为研发依靠"个人英雄"。

针对华为存在的研发管理问题，IBM 咨询顾问经过近 8 个月的调研诊断，于 1999 年 9 月向华为做了正式报告，发现的主要问题如下：

（1）世界级的研发管理方式和华为的研发管理方式不同

IBM 咨询顾问组对华为第一阶段“动员及关注”工作做了总结，将世界级的管理方式与华为的管理方式做了对比，如表 9－1 所示。

表 9－1　世界级的管理方式与华为的管理方式

世界级竞争对手	华为
为特定的目标市场设计产品 根据明确定义的产品需求和规格设计产品 在 Alpha 和 Beta 测试前，先在实验室做产品集成测试 当销售、制造、发货、客户支持手段完全准备好后，才将产品投放市场	设计时，头脑里并没有一个特定的市场，往往是一个具体的客户 设计过程中的产品需求和规格不断变化 在用户现场反复验证产品质量 销售、制造、发货和客户支持手段还没准备好就将产品投放市场

（2）缺乏好的、及时的市场需求是项目方向改变和产品失败的主要原因

市场需求模糊不清，导致设计决策不明确，出现返工现象。

市场需求仅侧重技术功能，导致产品只能满足部分客户的购买标准。

在开发过程中，市场需求变化太快，导致项目因为反复改变方向、成本昂贵（延长了产品开发周期，投入了更多的资金）而返工。

市场部门没有参与立项，最后一刻还在更改需求。

被动地理解市场需求（跟随竞争对手的市场发布），导致产品上市晚。

对市场需求的被动反应过程抑制了产品平台的创建进程，而这个平台可以在多个业务领域和市场区段之间起到杠杆作用。

（3）项目计划无效导致项目实施混乱

项目管理不是跨部门的，所有权不清晰。计划主要用于汇报而不是用于管理项目。

项目估计过于乐观而且不现实，没有基于历史的经验，导致超负荷工作及项目进度延期。

没有按基线管理项目，导致跟不上时间进度、预算超支和交付件不完整。

项目经理缺乏对项目管理的了解，使用工具不恰当。

项目管理不职业化，没有适当的汇报权和定义的职业发展轨迹，很难让有经验的人留任项目经理。

（4）缺失“端到端”的开发流程

在华为，开发阶段没有很好地定义，没有很好地联结起来，也有许多其他问题导致延期和低效。

宏观上，华为没有定义好阶段，所以，有些活动在不适合的时候启动，导致返工和项目进度延迟。华为没有很好地定义决策评审点，决策不果断；项目没有明确终止，持续开发导致浪费。

微观上，存在一定的无效、费时、浪费和几乎不增添价值的重复工作，如评审流程。在华为产品开发的过程中，存在一个明显的现象——“没有时间把事情一次做好，却有足够的时间一做再做”。

（5）华为等级制度森严，缺乏团队文化，导致项目组成为研发的一个部门而非跨部门团队

华为等级制度森严，缺乏团队文化，导致通过组织调整解决问题。

项目组不是跨部门的团队，只是研发部门下的一个实体部门。

项目团队是轻量级的团队，产品经理在影响其他职能部门方面缺乏权威。

高层领导不会授权，因为缺乏项目级的技能，并且担心失控。

角色与职责不清，导致开发过程的混乱与冲突。

（6）和业界最佳企业相比，新产品开发周期长，研发项目延期严重

1999 年，IBM 在为华为咨询时，给出在电信设备供应商行业，估计新产品上市晚一个月会导致以下结果：

销售额减少 530 万元；

利润减少 265 万元；

增加 375 万元的额外研发成本。

而咨询前的实际情况是，华为进行新产品开发的周期为 70 多周，竞争对手研发相似产品的周期为 35 周左右。

（7）技术管理方面存在问题，这些问题导致项目开发方向改变、开发周期延长、开发努力白费及未能有效地利用资源

华为将复杂的技术研究（预研）与产品开发过程糅合在一起，导致产品开发延迟及超额的开发成本。

技术开发在很大程度上采取市场跟随策略，非常慢，导致开发出来的产品与竞争对手相比没有什么差别，而且很晚才进入市场。

有相当数量的技术重用，但通常使用不当，导致产品方向改变及返工。

没有技术路标规划，导致对技术发展趋势产生误解，错过技术转型时机，在有问题的开发活动上投资。

二、通过 IBM 咨询，实施 IPD

正是看到偶然成功和个人英雄主义有可能给公司带来不确定性，华为在 1999 年引入 IBM 顾问。据早期参与华为 IPD 变革的人士介绍，从大的方面来说，华为的 IPD 经历了两个阶段。

第一阶段从 1998 年年初开始，称为自主引入阶段。

当时，任总从 IBM 带来了相关的 IPD 资料，华为开始摸索 IPD，组织项目组（主要由 MBA 构成），参考 IBM 的开发项目，经过研讨拿出了一套基于 IPD 的研发体系变革方案并实施。但 IPD 变革效果并不像人们预期的那样，基本上是一次失败的尝试。

第二阶段，IBM 咨询进入。

华为高层经过分析，决定请 IBM 作为咨询方帮助自己解决问题。由 IBM 主导的，华为 IPD 咨询项目的实施分为关注、发明、推广三个阶段。

关注阶段的主要工作是“松土”和了解华为的现状（As is），通过与业界最佳企业的对比识别进一步改进的机会。

IPD 咨询项目是企业历史上的重大变革，其变革难度是其他变革项目不能比拟的，稍有不慎就会失败。

为了提高各部门对 IPD 项目的重视程度，争取各部门的支持与协助，增强核心组及各相关小组成员的紧迫感并提高其积极性，1999 年 4 月 17 日，任正非在 IPD 咨询项目启动会上做了讲话。

任总号召努力向 IBM 学习。“我们有幸能找到一个很好的老师，也就是 IBM。华为的最低纲领应该是活下去，最高纲领是超过 IBM。所以，大家认为可不可以向他们学习？现在，有多少人有能超越新想法 IBM 的请举手。当你实践过以后，比如，也能产生 900 多亿美元的产值，我们就应该向你学习，而不向 IBM 学习。但眼前你既没有这个能力，又没有做到，也觉得自己学习不够认真。”

针对员工爱出风头，任总提出要不折不扣地穿“美国鞋”。“我们让大家穿一双‘美国鞋’，但是让美国顾问告诉我们‘美国鞋’是这个样子的。在中国，鞋是不是可以变一点，只有顾问有这个权力。我们没有这个权力，就要深刻理解 IBM 的管理方法，看我们能不能改。创新一定要在理解的基础上创新，而不是在没有完全理解的情况下就表明一些东西，那是在出风头，出风头的人就把他请出这个小组。”

对不支持改革的人，任总提出要坚决清除。“那些长期理解不了的人，不能理解 IBM 的 IPD 改革的内涵，就请他出去。这个小组不是终身制，我想能不能一个月清理一次，‘不杀’怎么前进。请他出去，一个月出一次，我认为一定要一个月出一次，不断有人增加进来，不断地有人被赶出去，达到革命最终目的。伴随着改朝换代，我们就要杀掉一批人，这批人曾经是功臣，但努力不够，还可以有一些功臣岗位，比如，一些人会喝酒，可以叫他陪客户喝酒，可以不需要 IPD，可以不懂 IPD。他说自己以前是副总裁，可以挂名誉副总裁——喝酒副总裁。”

针对华为咨询项目团队，任总也提出希望。“我希望我们真真实实地不辜负顾问 27 个月的心血，当我们有一天真正站起来、写历史的时候，可以立一个大碑刻上这段历史，让后人永远铭记我们是怎么学习的。”

发明阶段的主要工作是设计未来（To be）的流程、组织，培养并引导 PDT 团队。发明阶段结束后，将对 IPD 在公司全面推广的可行性进行评估，如果已经具备全面推广的条件，则进入实施推广阶段，将 IPD 的 To be 模式在公司所有产品的范围内推广。

IPD 项目完成“端到端”主流程，以及概念阶段可操作流程设计后，第一个试点 PDT 项目于 2000 年 5 月 17 日正式开工，第一个试运行的项目是无线业务部大容量移动交换机 MSC6.0。IPD 的流程和方法将在试点 PDT 的运行中得到贯彻和验证，并带动公司各部门进行与 IPD 流程相关的改良，保证 IPD 项目的实效。

任总进一步强调虚心向 IBM 顾问学习。“从高级领导来看，我认为，IPD 项目是公司最大的事情，公司做这件事情下了很大决心，在座的每个人都要高度投入进去，一定要达到目的。怎么做好这件事情？就是要听顾问的话，即使顾问错了，也要听顾问的话，经过实践检验，顾问发现自己是错的，由他纠正。”

针对打破部门壁垒，建立流程式组织结构，任总说：“从功能式组织结构转变成流程式组织结构必然涉及部门的障碍，也涉及人的障碍。各个部门都要放弃自己固有的管理方法、管理规则和利益准则，否则，我们就要调动部门的头，调动你到最反对的地方去。只要流程需要，公司在这点上是有能量的、是敢做的。我们一定要按照流程打破所有部门的壁垒，对此，我很有信心，只要你阻挠了事情的发展，就把你裁掉。”

任总语重心长地告诫 PDT 项目成员要珍惜机会：“你们获得极难得的机会参加 IPD 的活动，为什么叫你来？是因为碰巧，并不是你最优秀。经过 2 年的管理培训，你的进步将会很大。公司给了你们非常好的机会，下一时代管理技能好的人肯定会得到很好的晋升机会。前方的人都在拼命，在消耗自身，而你们有机会一边工作，一边充电，要珍惜。”

三、华为 IPD 管理体系持续升级

华为的 IPD 在起步时，各个产品的研发从组织架构上已经基本形成了 PDT 的雏形，各种计划、文档、研发活动也是按 IPD 的模式进行的。但在这个时期，只有华为与 IBM 配合成立的 IPD 项目组里的人对 IPD 有较为明确的理解。

当时，研发流程用的是 IPD1.0 版本，IPD 的实际效用没有完全发挥出来。公司内部只是在研发活动的称谓和重要文档的输出上模仿 PDT1.0 版本流程的规定，PDT 的核心组管理、投资决策评审委员会的决策评审等关键措施并没有施行，只是将两个产品线作为试点，这个过程持续到 2001 年。

从 2001 年开始，华为规定，公司内 30% 的产品线必须严格按照

IPD2.0 版本流程运作，其他产品线继续按照 IPD1.0 版本流程运行。

任总一再强调，华为要成为国际企业，要做国际企业就不能总是强调中国特色、华为特色。华为最终要在国际领域内与国际通信厂商巨头竞争，必须削足适履，学穿“美国鞋”，IPD 体系 5 年不变，到真正领会时再考虑改造 IPD 的问题。

遵从制度和提高效率总是矛盾的。

几乎每个 PDT 项目在刚刚按照 IPD 流程运作的时候，都感到 IPD 流程使研发管理变得复杂、效率低下。那时，华为的市场竞争压力非常大，每个产品线首先关注的是如何快速适应市场需求，纷纷表示不愿意按照 IPD 流程运作，或者在实际运作中偷工减料，应付了事。

为此，任正非强调，在 2001 年，按照 IPD 流程运作的产品线可以适当降低在市场绩效方面的考核，但是强调推行 IPD 的质量，并且建立严格的 QA 制度，严格监控研发过程。

2002 年，华为规定，到年底，所有产品线必须完全按照 IPD2.0 版本的流程运作。此时，支撑 PDT 流程的相关人事制度、财务制度，以及绩效考核制度等都已建立起来。同时，华为从高层领导到基层新产品开发管理者都对 IPD 的思想和流程有了比较清晰、深入的认识。因此，已经具备全面推行 IPD 的客观条件。

2003 年，华为的 IPD 升级到 3.0 版本。截至 2014 年 7 月，华为 IPD 已经升级到 7.0 版本了。

我在近 10 年的咨询过程中，也发现有些企业的 IPD 运作效果好，如步步高通信科技、深圳特尔佳科技等。但有些企业实施效果差，一个重要原因就是，咨询过程由顾问主导，弄得轰轰烈烈，试运行也取得了一些效果。可是，咨询项目结束后，顾问撤走了，整个 IPD 管理体系持续优化、培训、推广、固化的工作就无人问津了。

而华为流程与 IT 管理部 4000 多名员工持续对公司管理体系进行优化、固化，2013 年管理优化工作投资约 4 亿美元。

四、IPD 在华为的实施成效

华为 IPD 的实践表明，IPD 能够加快新产品开发速度，缩短产品上市时间，降低新产品开发的投资失败率从而减少浪费，降低新产品开发成本、增加收入，给客户提供物美价廉的产品。下面通过几个例子说明华为实施 IPD 的成效。

在 M800 移动交换系统的研发过程中，华为自始至终贯彻 IPD 的研发思想和方法，使产品的研发周期缩短了 50%，研发费用减少 40%，产品稳定周期缩短。

华为与美国 3Com 公司成立的合资企业——华为 3Com 也应用了 IPD。IPD 大大增强了华为 3Com 新产品开发的可控制性，使最后进入研发阶段的产品都是可生产的。在产品设计之初，就体现出质量、成本、可制造性和可服务性等方面的优势。

IPD 在华为和华为 3Com 的实际应用表明，IPD 在缩短产品上市时间、降低新产品开发费用、提高产品的稳定性和竞争性等方面有着不可比拟的优势。据统计，IPD 实施后，华为 3Com 产品的研发周期缩短了 50%，产品的不稳定性降低 2/3。可以说，IPD 为快速满足客户需求提供了有力的保障。

总的来说，IPD 实施十几年，华为逐渐建立起世界级的研发管理体系，形成了世界级的研发能力，优化了公司的整体运行流程，取得了明显成效。

华为在 2003 年以后，感受到了管理变革，以及与世界一流企业同时在用一种管理语言沟通的快乐。2000—2004 年，华为海外业务复合增长率为 122%。

第二节　IPD 在卷烟工业企业实施案例

一、现状与问题

企业未来的收益要靠今天在新产品开发方面的持续投入，遗憾的是，中国企业重视新产品开发投入也只是十几年的事情，怎么有效管理研发更是困扰企业的一大梦魇。

中国烟草卷烟工业企业由于长期受到烟草专卖体制的呵护，和其他开放较早的行业相比，管理相对落后，新产品开发管理方面有必要进行优化或变革。当前，中国烟草卷烟工业企业存在以下典型问题。

（1）新产品开发缺少流程、制度、模板的指导，研发人员开发新产品时随意性很大，谁来做、先做什么、后做什么、做到什么程度才结束等全靠感觉。

（2）没有明确的计划指导研发人员做事，对什么时间做什么事，由谁来做没有要求；技术评审点和业务决策评审点不明确，想起来了或者能找到人就做评审，找不到评委或者领导要求、时间紧就不进行评审。

（3）把新产品开发看作是技术中心的事情，认为新产品开发和市场、销售、财务、生产等部门的关系不大，让技术中心独自作战，以至于技术中心的研发人员研发产品时，往往只知道要研发什么价位的烟，不知道市场上要的产品是什么样子的，只有关起门来想象烟民的吸味、烟民认可的包装等。另外，产品小试、中试时和生产人员协调困难，整个新产品开发周期很长。

（4）研发人员的职业设计均按照行政职务管理，导致千军万马走独木桥。技术人员的技术工作做好了，公司为了体现其成绩，让其承担行政领导职务，最后，技术没有时间做，行政管理也没有做好。

（5）绩效考核由领导“拍脑袋”进行，领导看到的人、熟悉的人绩效好，看不到的人绩效考核就受到影响。

（6）闭环管理的机制没有建立起来。公司在一定程度上为新产品开发管理制订了一些程序文件和制度，但制度的执行要靠监督机制保障，由于没有形成“制度制订、制度执行和制度监督”的闭环管理，导致公司制度虽好，但没有人去执行的情况，流程制度形同虚设。

上述问题的存在，是和中国烟草卷烟工业企业在专卖体制的保护下相对封闭分不开的，企业发展压力不大，动力不足。

中国加入 WTO 组织，烟草业开放的呼声越来越高，中国烟草在品牌层面采取“扶大闭小、扶强蔽弱”是必然趋势。组织的规模越大，对管理的要求越高，单靠行政手段进行管理的做法不适合“按订单供货机制”。中国烟草企业加强内部管理、苦练内功，和国际烟草接轨是趋势。

二、IPD 管理模式的引入

结合卷烟工业企业的实际情况，按照 IPD 系统性解决方案的思路，从产品规划、组织结构设计、研发流程（制度）设计、项目管理设计、人力资源体系设计 5 个层面关注解决问题的方法。按照 IPD 管理模式进行管理体系设计，主要包括以下内容：

一是强调企业新产品开发以市场为导向，以客户需求推动新产品开发。由一个跨部门的团队收集烟民、商业公司的需求，以此作为推动新产品开发的入口。咨询项目提供了 $APPEALS 工具，明确标识关注产品的 8 个方面的需求，如价格、包装、性能、品牌等，并用街头拦截、焦点小组法等手段收集卷烟产品的需求。

二是强调新产品开发按阶段进行，设置关键评审点。分别由技术专家和集团领导控制技术评审点、业务决策点，如研发阶段中吸味评审、装潢评审等，并让公司的业务决策者关注业务决策，如概念阶段立项决策、发布阶段产品发布决策等。

三是以市场为导向促进产品规划和技术规划。把技术研发和新产品开发活动分离，实现技术研发先行，在新产品开发前消除技术研发的风险。为此，设计了减害降焦、工艺、分析检测、香精香料、原料 5 大技术研发流程，建立技术研发管理团队。

四是组建跨业务领域的团队进行新产品开发。公司以往按照职能的方式进行新产品开发，认为新产品开发就是技术中心的事情，卷烟产品的销路好不好，技术中心要承担大部分责任。由于没有产品经理负责制，没有组建跨部门团队进行新产品开发，导致许多问题发生。IPD 管理模式贯彻产品经理负责制，强调产品经理负责组建跨部门团队，要对产品市场成功负责，而不仅仅是对研究结果负责。为了做好产品规划、新产品开发、技术研发、产品生命周期管理，按照跨部门组建团队的方法，IPD 管理模式提供了 6 个业务团队。6 个业务团队的职责如下：

（1）投资决策评审委员会：负责产品路标规划和产品投资决策。

（2）公司集成技术管理团队：负责公司的技术规划制订与技术研发决策。

（3）产品组合管理团队：负责分析市场，提交产品业务计划、细分市场需求、下达新产品开发任务书等。

（4）产品开发团队（PDT）：负责产品开发工作，负责新产品开发项目管理工作。

（5）技术开发团队（TDT）：负责公司技术平台研发，负责技术研发项目管理工作。

（6）产品生命周期管理团队：负责产品发布后生命周期阶段的产品维护、升级、市场绩效等工作。

五是按项目管理方式组织新产品开发工作。项目管理是一种做事的方法，在做事时要执行明确的目标、制订计划、实施、检查、结束总结等管理活动，强调新产品开发要有计划，研发活动结束后要有经验总结。

六是建立关注业务目标的人力资源管理体系。为员工设计“三条晋升通道”：擅长职能管理的员工可以在管理晋升通道上发展，擅长做技术的员工可以在技术晋升通道上发展，擅长做业务的员工可以在业务管理上发展，这样可以避免千军万马走行政管理独木桥。

七是实现管理闭环。在“轻管理重技术”的理念下，管理闭环推进尤为重要。在企业中，制订的程序文件、制度能否贯彻执行，与监督体制的建立有非常大的关系。在 IPD 管理体系中，建立了流程审计的机制，通过流程审计部门周期性对业务团队进行流程审计，并把审计的信息通过例会和报告的形式向有关领导报告，促使流程得到执行。

三、实施 IPD 带来的收益

借助咨询项目，员工的观念发生了较大的变化。

研发卷烟产品时更注重烟民和商业公司的需求，以往都是研发人员推测烟民的想法，现在公司为收集烟民和商业公司的需求，成立了跨市场体系和技术体系的团队收集需求，公司新产品开发理念变为以市场和烟民需求驱动卷烟新产品开发。关注用户和客户，并满足他们的需求。

企业的业务活动提倡组建联合团队合作完成，过去，新产品开发活动往往是分配到各个具体的技术部门，部门之间配合不畅、接口不明确，协调占用了大量时间。IPD 项目实施后，建立了跨部门团队，由产品经理负总责，管理、协调新产品开发过程中的问题。

在人员激励上，为员工设计了三条晋升通道：适合在技术上发展的员工，把职业生涯设计为技术专家系列发展通道；适合做管理的员工朝职业经理人方向发展等。另外，在考核方面，一改过去领导人“拍脑袋”考核的方式，建立关注业务团队结果的考核体制，鼓励员工多做事，在做事中取得良好的绩效；一改过去只要不犯错，干和不干都一样的局面。“做官”不再是唯一的选择，技术、业务、管理晋升通道为员工的职业生涯开辟了新的方向。

河南中烟工业公司借助 IPD，成功开发出黄金叶高档卷烟产品，并获得河南省管理进步一等奖。

大量研究表明，在市场经济环境中，一个企业靠管理者经验和悟性可以保证从弱小到强大的快速发展，也就是一二十年的光景，但以后靠什么管理呢？要引入经过实践验证的科学管理体系，采用先进的管理工具，不重视管理将会严重限制企业的发展。

中国卷烟企业长期生长在专卖体制保护下，靠行业的垄断利润维持其粗放经营的方式，然而中国加入 WTO、WHO《烟草控制框架公约》为中国的卷烟工业企业预留的“温室期”并不长，狼就要来了，在狼来之前需要企业强身健体。

管理大师德鲁克认为，在所有组织中，90% 左右的管理问题是共同的，不同的只有10%。中国卷烟企业敞开胸怀，虚心向中国开放较早的行业学习管理方法，逐步引入管理体系，必将促进中国卷烟企业的发展与壮大。

第三节　欧帝尔电器公司产品创新困局突围

一、欧帝尔电器公司产品创新困局

照明行业正处于产品更迭的阶段，变化层出不穷。白炽灯自100多年前发明以来，直到20世纪70年代才迎来重大改变，即节能灯的出现。节能灯发展了30多年就迎来了LED照明的变革。

中山市欧帝尔电器照明有限公司创建于2001年，是一家专业从事节能照明新产品开发、生产和销售的高新技术企业，是目前国内最有综合竞争力的照明企业之一。公司旗下“ODEER欧帝尔”家居照明与“小器鬼”节能光源两大品牌与产品群在国内负有盛名。

众所周知，节能灯含汞，报废破裂后其中的汞会扩散到空气中，危害人体健康，污染环境。而LED灯耗电仅为白炽灯的1/10、普通节能灯的1/6，耐用寿命在5万小时以上。由于LED灯没有汞，其组装部件容易拆装、回收。很明显，传统节能灯及白炽灯必然会被新一代LED灯取代。

2013年年底，国家发改委发出通知：今后的绿色照明财政补贴将从荧光灯转向LED等高效照明产品。业内人士预计，室内民用领域的产品需求将逐步释放，将会掀起一波 LED 产品进军家庭的热潮。

据估计，2014 年国内民用照明市场有 4000 ~ 6000 亿元的规模，国外巨头纷纷进入中国 LED 家用照明市场，如飞利浦、欧司朗等，国内厂商也不甘示弱，如欧普、佛山照明也快速进入 LED 照明领域。

但 LED 照明不再是单纯的照明产品了，拥有更多的电子产品属性。首先，像电子产品一样，LED 照明同质化的步伐加快，在产品上寻找差异化越来越困难。其次，电子产品的生命周期之短众所周知，LED 照明产品的生命周期是一样的，甚至只有 2 ~ 3 个月的生命周期。

对当前的照明行业品牌阵营而言，国际强势品牌依然占据着金字塔顶端的位置。这些国际品牌一直以来着眼于全球市场布局，近两年，它们不断在上游技术和专利领域布局。

欧帝尔电器照明公司自创立以来，在赵伟总经理的带领下，一直秉承开拓创新的理念。节能灯等多项产品拥有自主知识产权，并成为国家奥林匹克体育中心指定产品，获得“国家免检”资格。公司产品远销美洲、欧洲、中东、东南亚等地区。

欧帝尔公司如何从经营节能灯转向 LED 灯，如何在这样的竞争格局中胜出，这个现实的问题摆在公司领导面前，要么随着市场一起发展，要么被 LED 市场淘汰。尽快研发出 LED 节能灯是市场发展形势所迫，也是顺势而为。

为了研发出适销对路的 LED 新产品，欧帝尔公司四年来通过猎头公司招聘了四位研发总监。但后来发现，这些总监在其他公司做得很好，到了欧帝尔带领开发团队，就研发不出在市场上适销对路的 LED 新产品。是这些研发总监能力不行，还是公司的研发管理体系出了问题？

欧帝尔公司人力资源副总吴仍康原来在步步高通信科技公司负责人

力资源管理工作，他在与步步高通信公司老同事接触的过程中，了解步步高通信科技公司于 2008 年实施过 IPD 咨询项目，咨询后步步高产品创新管理取得了很大成就。按照新产品开发项目管理模式，从 BBK 音乐手机成功研发出了 VIVO 智能手机，手机消费者从“草根”转向白领人士，公司销售收入从 2008 年的 20 亿元提高为 2013 年的 160 多亿元。

管理是相通的，欧帝尔是否可以学习电子通信企业的先进管理经验，并应用到 LED 灯具研发管理中呢？

企业发展到一定阶段，引入外部咨询力量是促使企业发展壮大、做强的外部动力。特别是新产品开发管理方面，由于我们国家工业化时间短，这方面的经验不足，华为为了解决内部新产品开发经验不足的问题，1999 年花费巨资聘请 IBM 咨询顾问，对产品管理、组织管理、流程管理进行了重整，对华为“从农村包围城市”、从中国走向世界起到了巨大的推动作用。

欧帝尔公司吴仍康副总经理带队到深圳市特尔佳科技股份公司、东莞长安镇步步高通信科技公司进行了现场参观考察，参加人员包括研发副总经理陈立等五位副总级人物。特尔佳、步步高通信科技公司分别就 IPD 咨询项目范围、咨询项目组织管理和咨询项目取得的效果进行了交流。

欧帝尔公司赵伟总经理专程驱车到深圳和我做了面对面的沟通，就目前照明行业从节能灯向 LED 照明转换的过程中，如何尽快研发出市场适销对路的新产品、如何获得消费者有价值的需求、如何组织公司内部人员按照项目管理模式进行新产品开发的困惑进行了探讨。

2013 年 7 月，在赵伟总经理的组织下，公司领导层决定第一个在照明行业启动 IPD 咨询项目。

顾问团队进驻欧帝尔公司后，首先对公司研发管理现场做了诊断，方式包括现场访谈、查阅项目文档、现场走访。顾问发现当前欧帝尔公司在研发管理方面存在的问题，对中国其他企业而言具有普遍性，也是欧帝尔公司不能及时向市场推出 LED 新产品的主要原因。

顾问团队调研诊断后，将当前欧帝尔公司研发管理存在的问题分为 4 类。

（1）在公司研发投资决策管理方面，顾问发现了以下问题。

公司缺乏新产品投资决策评审机制，是销售导向型，而不是市场导向型，项目立项随意，销售人员一个电话就立项研发，导致研发资源投入严重不聚焦。

由于缺少决策评审把关，产品上市随意，大部分产品上市后才知道不行，而不是在公司研发过程中过滤掉不合适的产品项目。访谈时，员工反映："200 多款节能灯，畅销的也就是 30～40 款，研发资源投入不足导致销售人员经常没有子弹，好不容易有了子弹，也由于质量或者上市晚等原因成为哑弹。"

（2）在市场需求管理机制方面，顾问发现了以下问题。

研发与市场脱节，对市场需求把握不准确，或者在研发过程中，需求改来改去。访谈时，员工反映："公司设置了产品经理，设置了市场部，但没有达到市场分析、产品规划与定义的目的。因为市场部的主要职责是产品推广、广告策划，而不是市场分析。"

（3）在研发项目管理方面，顾问发现了以下问题。

没有将技术研发和新产品开发分离，而是将难点技术融入产品项目中进行研发。访谈时，员工反映："边做新产品开发边研究技术，产品开发时间不可控，如某款排气灯，3 年前提出要研发，到现在也没有研发出来，因为电机技术储备不够。"

缺乏并行工程，公司采用的研发模式是"抛过墙式"的串行做事方式。访谈时，员工反映："研发前期不让生产人员参与项目，试产的时候物料基本上是加急的，电路板重复打样。如一款吸顶灯，试生产和确认只有 11 天时间，前期没有准备，只能加急物料赶进度。"

缺少可执行的、统一的、结构化的新产品开发流程体系，实际执行的流程在有经验的工程师脑袋中，而且实际执行的是一个"丢三落四"的研发模式，没有按照"端到端"、"全流程"思想进行新产品开发管理。访谈时，员工反映："设计人员喜欢单打独斗，按照自己的方式设计出来的东西不具有可制造性，如某产品装电机的 4 个孔打不进螺丝，只能打胶，原先 1 小时可以生产 4 个产品，现在一个都生产不了，而且不能维修。""研发项目没有将生产、工艺工程等相关领域工作纳入统一流程，产品定型后才通知工程、生产、PMC 等人员。"

（4）在新产品开发过程中团队管理方面，顾问发现了以下问题。

缺少职业化的、"端到端"管理的项目经理。新产品开发团队往往由技术人员组成，而不是跨部门的团队人员组成。访谈时，员工反映："新产品开发就是研发部门的事情，其他部门就是配合，其他部门人员从来没有参加过任何形式的评审会。"

二、欧帝尔电器公司产品创新突围

针对咨询公司顾问调研诊断发现的产品创新管理问题，要获得系统性改进，涉及公司新产品开发流程重整、组织结构重整、绩效管理模式重整，这将是欧帝尔公司成立以来经营管理体系前所未有的重大变革。

为慎重起见，IPD 变革前，顾问团队向欧帝尔公司中高层管理干部做了管理变革准备度调查，确定公司是否适合 IPD 变革、中高层管理干部是否拥护 IPD 变革。

顾问向中高层管理干部发放 33 份《组织管理有效性调查问卷》，实际回收有效调查问卷 33 份。

变革同意度调查涉及以下 4 个问题：

（1）在过去几年中，公司经历了重大变革。

（2）过去的变革给公司带来了好处。

（3）我相当关心公司的未来。

（4）公司能随时展望未来，评估其他同业竞争者，并能预计到未来的机遇和挑战。

请被调查者直接在有关问题“非常同意、同意、无意见、不同意、非常不同意”5 个选项中做单项选择，并对每个选项赋予“+2、+1、0、-1、-2”的分数。变革准备度分数得分介于 -2 ~ +2 分、1 ~ 2 分表明变革的动力大，-1 ~ -2 分表明变革的阻力较大。

深圳市汉捷研发管理咨询公司的 IPD 咨询客户有 160 多家，选择 80 家作为统计样本（宁波方太、广东步步高通信科技、金发科技、深圳迈瑞、中粮集团、深圳英威腾、福建南方路面机械、京城控股、深圳特尔佳等 80 家企业），对变革准备度进行统计分析，其算术平均值为 0.71。

从欧帝尔公司调查问卷的分析结果看，变革准备度得分为 0.83，变革准备度较高。

通过变革准备度调查，被调查人员认为公司必须通过变革才能突破目前的新产品开发困局。随着欧帝尔公司业务的发展和壮大，在节能灯向 LED 灯发展的行业趋势下，管理层和员工已经意识到只有对研发管理体系和前端的市场管理体系通过变革进行系统性建设，才能在未来的 LED 洪流中顺应发展。连续招聘、解聘四位研发总监再一次印证，不对研发管理体系深刻变革，随着节能灯产品生命周期终止，公司就没有出路了。

任何一个朝代的更替、任何一家企业的变革都是有阻力的，欧帝尔公司赵伟总经理为保证 IPD 咨询项目顺利实施，和所有高层干部一一谈话，强调 IPD 变革对公司生存与发展的重要性，并在项目启动前制订了关于 IPD 咨询项目的九条管理规定。

（1）既然决定了实施 IPD 项目，上至总经理下至员工就只有两条路可走：一是改变，二是走人。

（2）IPD 项目成功与否，取决于我们是否全力以赴。对于只出工不出力者；对于为了个人或小团队利益，有意或故意误导者；对于为了个人或小团队利益，恶意阻止或恶意改变项目流程和进度者——请做好一件事：走人！

（3）出工只出半分力，只提问题不谈建议，将不再纳入公司未来涨薪和升职范围，不再重用。

（4）改革就是打破现有平衡，做好能上能下的思想准备。

（5）项目要全员参与，总监以上的人员必须参与并学会，将来部门人员的培训或工作指导将是自己的任务。

（6）IPD 项目组应尽一切努力，克服推行过程中存在的困难，甚至创造条件保证公司 IPD 咨询项目顺利推行。

（7）IPD 咨询项目顾问拥有该项目的最高决定权，全体项目成员必须严格按照顾问的要求完成相关工作，任何部门、任何人员在没有征得顾问的同意下，不得改变相关工作要求及内容。

（8）IPD 咨询项目遵行“先僵化，后优化，再固化”的推行原则。各部门须无条件、全面执行顾问提供的思想、方法、工具和流程。若项目在推行过程中遇到问题，可由顾问在实践中加以调整、优化。

（9）针对第七项和第八项强调一点，我们必须如实地反映实际情况和对流程的期望、担心，这是我们的职责，也是我们的义务。

组织管理是变革的保证，为配合欧帝尔公司 IPD 咨询项目，咨询公司和欧帝尔公司分别成立了 IPD 咨询项目团队（如图 9－1 所示），咨询项目组织结构及职责如下。

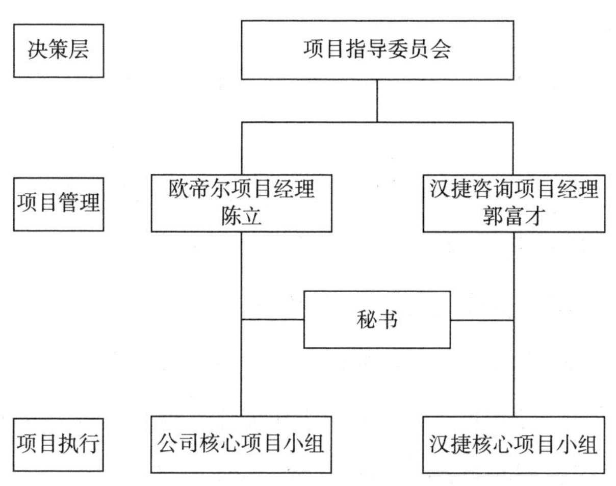

图 9－1　欧帝尔公司 IPD 咨询项目组织结构图

（1）IPD 咨询项目指导委员会职责

宣告及确保该咨询项目是公司优先考虑和实施的管理项目。

参与咨询项目重要会议和培训，周期性（每周）听取咨询项目团队的汇报。

向咨询项目团队提供资源、承诺和支持，并指明方向，解决在咨询项目层次无法解决的问题。

批准咨询项目实施纲领性文件：咨询合同、团队核心人员组成、里程碑计划。

（2）甲方 IPD 咨询项目经理的职责

和顾问共同确定“端到端”的咨询项目计划，组织和监控项目计划的运作，发现并解决项目组问题。

与指导委员会成员沟通，及时沟通项目进展和项目重大问题，促进决策。

负责项目成员的考评，负责营造项目组团队合作的氛围。

在秘书配合下负责项目的设计文档、进度管理、资源管理、风险管理、问题管理。

筛选公司的所有请求，只向顾问提交在项目范围内对 IPD 成功非常重要的请求。

确保各种职责分派到团队成员，涵盖 IPD 咨询项目的所有范围。

在公司范围内宣传 IPD。

（3）甲方 IPD 咨询项目核心成员职责

参加 IPD 培训，充分理解 IPD，在部门内宣传 IPD。

在部门内部培训 IPD，促使部门内部员工理解、支持 IPD。

和咨询顾问一起设计、评审、交付 IPD 设计文档。

在 IPD 试点阶段，指导、培训试点项目组成员。

在顾问帮助下，负责识别、建立本职能领域的支撑流程，支持 IPD 主流程的运作。

与项目经理沟通，及时汇报任务完成情况和重大问题，促进完成任务。

（4）IPD 咨询项目秘书职责

IPD 讨论会议管理：会议通知、现场组织、会议纪要编写与发放。

IPD 例会管理：会议录音、录像、记录会议纪要，发放会议纪要。

IPD 咨询过程中音像资料制作与管理。

IPD 咨询项目文档管理：建立文件夹并把设计文档纳入管理文件，保证所管理的文档是最新版本。

绩效管理：咨询项目团队绩效数据收集、评价、考核方案制订与实施。

负责组织实施 IPD 项目的宣传，使公司各层认同、理解、支持和投身于 IPD。

组织顾问向指导委员会成员汇报、沟通。

咨询合同的管理：在预定的“里程碑”实现后，负责付款的接口管理。

为了便于管理与控制咨询项目进展情况，双方经过协商，特别制订了咨询项目进展计划，以便达到控制咨询项目的目的。咨询项目阶段进展计划与工作内容如图 9－2 所示。

阶段一：调研与准备阶段（4~5周）	阶段二：管理体系共同设计阶段（5~6个月）	阶段三：试点实施阶段（5~6个月）
1A 松土培训与调研 ➤ 现场诊断 ➤ 调研业务流程现状 ➤ 现状报告 1B 建立项目组织 ➤ 建立IPD项目小组 ➤ 制订咨询项目实施计划 ➤ 制订咨询项目管理制度	2A 业务决策评审机制建设 2B 市场需求管理机制建设 2C 新产品开发流程建设 2D 技术评审机制建设 2E 项目管理机制建设 2F 公司绩效管理机制建设	3A 组织结构切换 · 制订实施计划 · 实施及推行培训 3B 业务流程实施 · 设计方案修正及调整 · 实施评审及总结 3C 方案调整及总结 · 问题解决 · 修正及调整设计方案 · 项目总结及后续服务计划

图 9－2　欧帝尔公司 IPD 咨询项目阶段进展计划图

针对调研诊断发现的 4 类管理问题，顾问和欧帝尔公司中高层管理干部共同设计管理模式，系统性解决研发管理存在的问题，从以下 4 个方面入手进行管理改革设计。

（1）建立公司研发投资决策管理机制

在公司建立新产品开发投资决策评审机制，为此建立了投资决策评审委员会，赵伟总经理担任投资决策评审委员会主任。产品投资决策和评审机构负责明确公司总的使命、愿景和战略方向，以及具体战略研发项目投资决策评审，无论是年度产品规划，还是新产品开发任务书，都要经过投资决策评审委员会评审。

它是一个高层跨部门团队，这个团队起到了市场机会点的过滤作用，新产品开发机会在还没有到达新产品开发团队之前先进行决策评审，通过决策评审的过滤作用，将资源聚焦在好的市场机会上，为公司投资精品产品打下基础。

（2）建立市场需求管理机制，作为产品规划和新产品开发的输入口

市场需求管理机制是产品规划和新产品开发的源头，如果源头出了问题，公司的产品方向也可能出问题。为此，在公司层面建立了需求管理团队，产品经理侯建军总监作为需求管理团队经理，对公司各种市场需求来源渠道进行管理，包括主动到市场上收集客户需求、情报，分析、研究销售过程中获得的信息、网站上获得的信息等，需求管理团队对上述各种渠道来源的市场需求进行日常分析、整理、过滤、分配、跟踪实现等。

市场需求是企业所有业务工作的源头，需求管理团队要从茫茫市场中找准需求、传递给规划和开发团队。

（3）建立研发项目管理机制

项目管理是一个工具，是实现特定新产品开发项目目标有效的管理模式。

为保证开发团队按照高质量的流程工作，顾问团队和欧帝尔公司高层管理干部一起，制订了一套“端到端”、全要素的新产品开发流程，并建立技术评审、业务决策评审、新供货方/新物料选择、定价管理等子流程，让团队做事，有章法可依。

由于项目团队成员来自公司的各个部门，成员受 PDT 经理和部门经理的双重指挥，建立了矩阵式管理模式。在该模式下，为了保证 PDT 经理责、权、利统一，授权项目经理对项目团队成员绩效管理的权力，保证项目目标的实现。

为保证项目进度的管理，建立了项目计划与控制工作机制、新产品开发项目 WBS（工作分解结构）模板，还建立了项目过程管理与控制机制，如双周例会、变更控制、计划变更管理等机制。

另外，针对不同的项目类型，建立了相应的流程，以指导开发团队工作。

全新平台类产品开发项目，特指公司没有开发过的产品，如工矿灯、路灯等。

产品线延伸项目，增加新款式，如开关类产品，我们在现有产品款式的基础上，开发新的款式，周期 3 个月左右。

产品改良项目，升级改造，如 LED 吸顶灯，我们在现有产品基础上，做一些小改善，或者是做外观结构及电子技术上的创新性升级，并由公司判断，是走工程项目更改流程，还是走小项目流程，小项目流程可以参考产品线延伸项目流程。

ODM 产品项目，在其他工厂贴牌生产的产品。

定制产品项目，非常规产品，特指工程性小订单，走采购流程。

技术开发项目，开发出成熟的技术模块。

（4）打破部门壁垒，建立跨部门的新产品开发团队

设立了专职的 PDT 经理，由具有中层以上管理经验、经过项目管理专业培训的人担任。

建立了跨部门的项目团队工作机制，以项目经理带领这个团队实现公司赋予的新产品开发项目目标。这个团队包括研发体系、市场营销体系、供应链体系、财务体系、质量管理体系等，它要为产品市场目标的实现负责。

2013 年年底，顾问和欧帝尔公司共同设计管理体系，从市场需求管理到产品与技术研发管理，再到组织模式建设与绩效管理，共同完成了完整的研发管理体系优化工作。

为了将所设计的管理模式贯彻落地，欧帝尔公司宣传部门通过张贴画、内刊、公司内网等途径宣传。

三、欧帝尔电器公司 IPD 咨询实施效果

为了检验这套管理体系是否适用，2013 年 10 月底，欧帝尔公司启动了 LED 新产品开发项目，公司原工程部长张广涛做 PDT 经理，陈立负责新产品开发项目管理部门总体工作。

新产品开发项目于 2014 年 3 月初进入发布阶段。据《欧帝尔人》企业内刊《LED 铺市，捷报频传》报道：3 月，“小器鬼”LED 产品隆重上市，包括银河、雅居系列球泡灯、灯管、蜡烛灯、T5 一体化支架灯、筒灯、天花灯、吸顶灯、厨卫灯 8 个品种产品正式面市。新产品在全国照明渠道掀起订购风，按照 IPD 模式研发出的 LED 新产品供不应求。

IPD 管理体系提倡新产品开发要更贴近消费者、更关注质量，通过并行研发的流程和团队比竞争对手更快地推出更好的新产品。

在 2014 年计划中，原计划新产品 LED 灯在 3 月初上市，3 月至 4 月计划销售收入 400 万元。实际上，在 IPD 管理模式下，LED 更贴近客户需求，新产品一上市就受到市场广泛好评，受到代理商的拥护，订单纷至沓来，3 月至 4 月实现 LED 新产品销售收入 3 千多万元，实际收入约是原年度计划的 10 倍。

从 4 月底开始，公司再启动新一批 LED 新产品开发项目，包括 LED 家居灯、电工产品，并更进一步检验 IPD 管理模式，在欧帝尔公

司进一步推广实施。

据中国质量网报道：誉为“照明行业风向标”的第 19 届广州国际照明展览会（简称光亚展）在广州中国进出口商品交易会展馆隆重登场，本次展会汇集了海内外最具竞争力的照明品牌与厂商，国内知名照明品牌欧帝尔 LED 照明备受关注。中山欧帝尔电器照明有限公司与时俱进，快速响应市场，数十款极具竞争力的 LED 照明产品全线出击。其中，集排气和照明于一体的排气灯、LED 智能化的吸顶灯引起参展客户极大的兴趣。有一位印度的“大户”对欧帝尔推出的排气灯赞不绝口，大赞其“人性化”和“环保”的设计理念。

IPD 在欧帝尔公司推行，将为产品战略目标实现和欧帝尔公司腾飞起管理支撑作用。

第四节　三维通信 IPD 管理体系推进

背景：杭州三维通信 IPD 咨询项目于 2009 年年底启动，历时 1 年。当时，公司存在的主要问题包括：公司高层缺少一致的管理方法，在管理实践中分歧较大；部门之间无形的墙较厚，跨部门协助困难；基于销售进行新产品开发，而不是基于市场进行新产品开发。

咨询顾问提出并辅导建立三维通信公司决策评审委员会、公司产品战略规划机制、客户需求分析工具 $APPEALS、进行新产品开发流程优化和跨部门团队设计，以及建设研发项目管理机制。

三维通信李维义副总经理做了翔实的记录，对新旧观念冲击、遇到的困难、取得的成绩进行了描述。

一、三维通信 IPD 的推进（一）

三维通信的 IPD 推进与华为一样，也是一波三折！

因为 IPD 一般先从产品研发管理变革入手，然后进行全面的经营管理变革，因此，很多人认为 IPD 只是研发部门的事情。就因为这样，一开始就与“顶层设计”擦肩而过，但这不一定就是错误，也不用遗憾。一般来说，改革既触及灵魂，也触及利益，然后才是方法论。

初期的激情过后，IPD 便迎来了攻坚战。虽然 IPD 是业内最佳的管理实践，是非常棒的他山之石，但锐意改革的老大突然发现，惯性与惰性是如此的强大。为全力推进 IPD，老板空前地调整了高级干部队伍，有兴趣的人不妨对比一下三维通信现在的高级干部名单与 4 年前的名单。

从引进和推动 IPD 开始，就充满了非议。这也正常，华为、京信也一样。据说，任正非拍着桌子，创造性地说了三句话：一是不换脑子就换人（针对守旧者、彷徨者、反对者）；二是削足适履（针对国情论者、司情论者）；三是先僵化、后优化、再固化（针对怀疑者、畏缩者、畏难者）。

今天的三维通信，认真研究过 IPD 的、曾接受过 IPD 系统培训的人已经不多了。因此，对 IPD 的非议主要来自不了解、不理解，而非其他层面。

二、三维通信 IPD 的推进（二）

任何变革都需要时机和造势。

三维通信有一个稳健而机警的老板，他可能在 2009 年已经察觉到这个行业的盛世危机，因此，决定引入 IPD 变革，以适应全球化、IP 化的行业大势。但问题在于，三维通信虽然是一家稳健务实的企业，却远不是善于造势、有很强领导力的企业。它的变革源于老板的危机意识而非全员当下的危机感。

可以说，三维通信始于 2009 年的 IPD 变革从一开始就缺乏群众思想基础。因为 2009 年的三维通信迎来了行业历史上最好的黄金时期，“人人指点江山，个个都不含糊，分田分地真忙！”2012 年，全行业的困难不期而至，大家才发现自己原来不是巴菲特，而是退潮中的“裸泳者”。随着移动互联网对社会生活产生广泛而深刻的影响，世界变平了，行业模糊了，整个通信行业艰难转型。面对行业巨变，三维通信的老板心态倒是很好，说：“这个细分行业 15 年来一直蒸蒸日上，上天已经够照顾我们了！”

这时，公司全员感受到了危机。此时再次推动 IPD 变革，将是面对危机的倒逼式变革，将是“逆水行舟不进则退”式的变革。在这样的背景下，公司上下都有危机意识，三维通信在保持并扩大传统市场优势的基础上，努力开拓一条具有三维通信特色的行业应用之路，成为全体员工的共识。从这个角度看，再次推动 IPD 发展正是一个恰当的时间点。

三、三维通信 IPD 的推进（三）

IPD 导入初期，人们常常会怀疑其矩阵式组织架构是否高效。尤其是横向团队的运作，能否依靠跨部门的业务流程及“端到端”的绩效考核打破部门壁垒，提高组织效率。人们一开始普遍不适应是正常的。

郭士纳统率下的 IBM 克服“大企业病”，大幅改革组织架构及业务流程，让世人领教了“大象如何跳舞”的奇迹，也创造出了 IPD 这个伟大的理论与实践。华为 15 年前拜 IBM 为师，导入和持续提升 IPD 水平，毫无悬念地成为全球通信界的“一哥”。京信 9 年前导入 IPD，今天，它是这个细分市场无可争议的标杆企业。

IPD 看似深奥，实际上它告诉我们一件事：如何高效率地进行多产品线运营产品。

闭上眼睛，我们可以想象出在传统的金字塔状组织架构图上，叠加上多产品线的横向组织架构后，将形成三维通信立体的企业组织架构（据说华为已形成六维组织架构），这种横纵交叉的组织架构叫作矩阵式。由于考核以横向为主（超过 50%），因此叫它重度矩阵式组织架构，特点是横向管事、纵向管人。

理论上，三维通信的经营问题向以董事长为主任的横向经营决策团队汇报，管理问题向以总经理为首的纵向管理团队汇报。从顶层设计看，各位高管 KPI 的 80% 考核经营性指标，20% 由总经理考核管理性指标。应该说，经营导向是非常明确的。

这样的组织架构有优势吗？

要比较组织能力和执行力，人们经常以军队为案例，因为军队最讲究组织能力与执行力。

美军的组织架构是这样的：顶层是三军统帅部，由各军种司令组成，统帅就是“总统”，相当于 IPD 的决策评审委员会主任；下面是各军种组成的参谋长联席会议及其主席，相当于市场管理团队及其主任（在企业里，主任常由战略市场部经理担任）；其陆、海、空、海军陆战队、国民警卫队 5 大军种、各大军事基地都是养兵单位，相当于公司里的各个职能部门（属于资源线）；而阿富汗战区联合指挥部、伊拉克战区联合指挥部、驻欧美军总部等均是用兵单位，相当于各条产品线

（PL）。开辟战区时，各资源部门必须为战斗单位提供陆、海、空、航母、坦克、情报等人、财、物方面的资源，战斗单位则为达成战斗目标而努力作战（争取利润）。这就是各战区与各基地（或军区）之间的强矩阵组织关系。

通过上述比较，你会发现，原来美军组织架构与 IPD 组织架构如出一辙！美军按照这样的组织架构运作，虽然装备庞杂且全球部署，但机动性极强、攻守高效有序。可见，这样的组织运作方式有强大的优势，值得企业学习。

四、三维通信 IPD 的推进（四）

IPD 既是文化，也是产品经营的理念和方法，更是一种产品经营管理的最佳、成功实践。

为了让人易于接受，我喜欢打一个浅显的比喻：一个五六岁且资质平平的小孩学 1 年围棋，绝大多数成年人将成为他的手下败将，为什么？因为小孩学会了许多围棋定式和“手筋”，换句话说，他凭借学到的众多套路而非依靠天才就战胜了很多人。

实际上，产品开发与下围棋一样，也是有基本套路可循的。IPD 就是这些套路中的一种，我们姑且把它看作是业界最佳的管理实践。他山之石，可以攻玉。它的特点是不依靠天才或研发牛人，而是依靠体系、流程、团队开发出好产品。

2011 年中旬，我们启动了龙飞系列移动通信直放站的研发项目。应该说，这是一次几乎走完全流程的 IPD 之旅，所有的参与者都或多或少地有了 IPD 体验——从广泛的市场需求搜集开始（嘉兴会议为标志），一直到第一款平台产品的诞生。我们为搜集最初的 361 个市场需求颁发了金点子奖；也在此过程中建立了初步的横向组织架构及各类横向岗位，如 PDT 经理、系统工程师等，重新打造了产品线的运营管理模式；边摸索边实施或优化了项目管理、配置管理、产品生命周期管理、横向团队绩效管理、产品线及各子产品线全面预算管理等。

龙飞系列通信直放站产品，目前是全球体积最小、重量最轻、性价比最高的同类产品。这是 IPD 在三维通信的第一次全流程试运行的成果之一。

探索加创新，有源产品线度过了忙乱而有成效的 2012 年。毕竟，这么多年来，三维通信的产品研发一直都是由销售驱动的，而今要转变为以市场驱动为主，相当于在飞行中的飞机上换掉发动机，谈何容易。除了体系建设外，能力建设的任务更难！

第五节　IPD 在某医疗器械公司实施失败案例

一、企业情况与 IPD 的实施

华诚医疗（注：本节内容由汉捷咨询顾问提供实际案例，为保护企业隐私使用虚拟名，包括文中人名，请不要对号入座）是一个注重产品创新和新技术应用的高速发展的企业，目前员工近 3000 人，研发人员近 400 人，2013 年的销售收入为 25 亿元。

华诚医疗主要有三条产品线：超声设备（彩超、黑白超）；放射类（数字成像和显像片）；医疗 IT（医疗和医院信息化）。

当时，华诚医疗在研发管理方面的主要问题如下：

（1）项目管理环节薄弱，项目质量、进度、成本均无法有效控制，就像一个黑箱子。

（2）跨部门团队合作困难，研发与采购、客服、产品、市场等部门缺乏沟通渠道和机制。

（3）缺乏科学的产品决策评审机制，许多评审会依赖某些领导的“拍脑袋”。

（4）缺乏科学的 KPI 考核机制，员工流动性较大，公司内部有吃“大锅饭”的现象，没有考核依据。

（5）公司老总重视市场，对研发不够重视，研发常常因为一个小小的产品需求变更而疲于奔命，甚至影响了新产品的开发进度。

（6）新产品开发前期测试不充分，质量无法保障，许多产品在客户现场出现不稳定的情况。

2010 年，华诚医疗和某咨询公司签署了 IPD 咨询合同，实施 IPD 咨询项目的主要目标和范围如下：

（1）建立完善的研发项目管理体系，形成系统的项目计划与监控体系。

（2）建立基于战略和流程的研发绩效管理体系和 KPI 指标体系，改进研发绩效考核，牵引公司各部门支持新产品开发，保障流程的有效运作。

（3）建立研发管理信息系统，实现研发管理流程和 IT 的有效结合，促进研发流程的有效落实和固化。

（4）双方咨询项目经理分别为华诚医疗研发管理部负责人和咨询公司的总经理。

但是，经过 3 个月的 IPD 咨询，咨询项目宣告失败，研发管理部推行的流程引起了众多研发总监的反对，流程无法执行下去，华诚医疗公司终止了与咨询公司的合作。研发管理部负责人李华不得不引咎辞职。

二、失败原因分析

后来经过分析，华诚医疗 IPD 咨询项目推广失败的原因如下：

（1）咨询公司的调研工作不深入，对医疗电子行业的需求把握得不准确；培训效果不好，很多学员反映讲师讲的知识都来自电子通信产品经验，没有医疗方面的案例。

（2）IPD 咨询项目没有得到老板的大力支持，老板处于观望状态，各部门的管理人员还没有认识到 IPD 能为公司带来的价值。

（3）跨部门沟通机制没有真正建立起来，得不到周边部门的支持与配合。

（4）医疗电子行业新产品开发特点是周期短、市场竞争激烈、需求变化快，研发的规范性和响应需求的速度难以平衡。

咨询项目失败之后，华诚医疗公司的高层领导认识到请咨询公司只是“隔山打牛”，认为局外人始终解决不了公司的核心症结，要想做好公司的研发流程必须熟悉公司的业务和其他子模块的流程。

公司人力资源部招聘了一位以前有过 IPD 实施经验的高级总监赵平，不惜重金将他聘为研发管理部总监，由他负责公司研发管理体系的建设，包括研发流程、平台和工具的推行工作。

赵平在国内某知名通信企业、外资企业均实施过 IPD 流程，进入华诚医疗后如鱼得水，对于处于研发初级阶段的华诚医疗信心十足，决心在 1 年内成熟推广 IPD，公司总经理秦总也对他寄予了很高的期望，并就 IPD 项目进行授权。

赵平入职后，制订了一个 IPD 实施计划：第一季度主要调研原咨询公司的研发流程遇到的困难和问题；第二季度针对公司的实际情况制作一些模板，设计一些管理工具；第三季度主要是流程的培训和工具的上线工作；第四季度正式推广运作 PDT 和建立投资决策评审委员会。

经过前三个季度的努力，赵平各项任务都完成得很好，除了 PLM（产品生命周期管理）系统没有上线。研发流程的专业性受到大家的好评，高层领导非常看好这套 IPD 流程。

第四季度，几个新产品立项，研发管理中心建议新产品开发必须按照 IPD 的流程进行，包括产品立项、PDT 任命、技术评审、决策评审点评审等活动。但流程运行不久，问题就出现了。

（1）PDT 核心团队的积极性不高。

（2）PDT 经理权威性不够，跨部门工作难以协调。

（3）考核流于形式，没有人真正为产品的成功负责。

（4）项目延期后，相互扯皮，难以找出问题的根源。

（5）PDT 成员的考核结果还是部门领导说了算。

（6）研发管理中心的项目管理工程师只起到协调作用，监控不了项目执行情况，甚至与项目经理一起作弊，在关键评审点蒙混过关。

（7）工程变更流程召开了三次会议都不能达成共识，每个部门都在争取自己的利益，一律反对加大工作量和工作难度的提议。

（8）研发人员解决问题的承诺无法兑现，认为是物料采购的问题，不是研发的问题，但采购认为是研发本身的问题，相互扯皮。

IPD 流程经过半年的运作，许多 PDT 核心成员都离职了；许多新产品开发总监开始抵制实施 IPD，觉得吃力不讨好；研发人员累死累活还得不到认可，开始疏远各种流程和培训，觉得运作 PDT 需要太多的资源和时间，无法缩短产品的上市周期。负责推广 IPD 流程的赵平承受着巨大的压力，最后以赵平的离开为标志，公司自导 IPD 项目以失败而告终。

第十章

IPD运行过程中的疑惑解答

一、企业为什么需要 IPD 和新的投资管理方法

随着公司的不断成长和业务的多元化，产品组合和业务模型变得愈加复杂，也降低了它的运作效果和效率。同时，缺少一致的、规范的新产品开发方法，与竞争对手和业界最佳企业相比，公司的新产品开发周期过长，研发过程中的浪费严重。

业界最佳的业务管理模型包括三个紧密联系的主要业务杠杆：建立和保持对市场趋势的远瞻——市场管理；通过 IPD 进行的产品革新和研发管理；通过集成供应链管理实现的最佳成本效率。就像一个三条腿的凳子一样，每条腿对支持业务的效果都很重要。同时，世界级竞争对手按照一种新的产品开发业务模型运作：针对具体的目标市场和应用设计产品；设计时考虑全球市场；设计时明确定义产品需求和规格；推出产品（发布）时，销售、制造、分销和支持渠道都做好了准备。

这为基于市场的集成新产品开发提供了一种系统的方法，它对目标细分市场进行选择，并与新产品开发部门、流程和优先级相结合，满足目标细分市场的需求。通过基于事实的决策流程对新产品包投资的优先级进行排序，获得最大的回报。

二、业务流程重整与 IT 实施谁先谁后

IT 工具是没有灵魂的，IPD 咨询是新产品开发理念、组织、流程、工具与企业实践相结合的产物，它是企业的运作灵魂，这种灵魂与 IT 工具结合将产生巨大的企业运作效率。

一些企业在实施信息化变革后，发现并没有取得预想的效果。经过

了解，很多企业在推广 IT 系统之前并没有全面梳理业务流程，只是把当前的业务流程搬到 IT 系统上，一些手工活动通过计算机系统自动完成，或者套用 IT 系统已有的业务流程，但不一定适合自身的情况。

最好的方式就是先进行业务流程重整，然后再通过 IT 系统固化。这种方式被越来越多的企业接受。其中，业务流程重整的方式又分为两种类型：一是通过企业自身的力量内部进行，二是引入外部咨询机构。借助外部咨询机构进行业务流程重整的效果最好（在选对咨询机构的情况下），华为就是这方面的典型成功案例。十几年前，华为意识到管理的重要性，花巨资引入国际著名的咨询机构进行业务重整，按照任正非总裁提出的“先僵化、再优化、后固化”的原则，通过 IT 系统固化流程，支撑了以后的快速发展。

国内很少有企业把流程与 IT 放在同一个部门，设立的往往是技术中心、信心中心、信息管理部门等。华为认为 IT 的问题归根结底不是 IT 的问题，不是依靠技术人员开发一些程序就能发挥 IT 效果的，而是 IT 如何充分支撑公司业务和管理流程的实现和优化，这是核心问题。因此，华为设置了流程与 IT 管理部门，有效地规避了业务和 IT 两张皮。

多年来，华为流程与 IT 管理部门先后成功实施了 IPD、ISC（集成供应链）、IFS（集成财务服务）变革，信息化建设始终与公司业务匹配，支撑公司的价值主张。

步步高通信科技公司在 2008 年以前实施过甲骨文 PLM 系统，但在新产品开发过程中发现公司的新产品开发项目照样运作不畅，因为 PLM 系统中的流程“太粗线条”了。2008 年年初，公司决定引入 IPD 咨询，由我们主导实施，通过近 1 年的流程建设，于 2009 年下半年进入 IPD 试运行阶段。在试运行过程中，PLM 实施团队将咨询的成果固化到 PLM 系统中。步步高 VIVO 产品研发成功，IPD 流程与 PLM 系统立下了汗马功劳。

随着中国企业越来越重视内部管理，采用 PLM、PDM 等 IT 工具的企业越来越多，我们建议，先咨询再实施 IT 系统，也就是先建立、优化业务流程，然后再用 IT 系统固化。

三、新产品开发走 IPD 流程用的时间是否太长了

一些大致了解 IPD 管理体系的人往往会问：“IPD 重视流程建设,要求员工严格遵守新产品开发流程，是不是会导致新产品上市周期延长、影响企业的效率?”

事实上，IPD 会将产品上市时间提前。不过，要实现 IPD 本身的好处需要公司停用或者进一步设计老流程，而且在向未来前进的过程中不要留恋过去。如果仅仅是简单地加入新流程和新做法，仍然按照老流程和老做法运作，结果只有失败。只要想一下全球的成功公司都在使用 IPD 加快流程速度、缩短周期时间，就可以消除大家对 IPD 会延长研发周期的疑虑。如果公司的新产品开发周期比竞争对手长，产品质量又没有竞争对手的好，怎么能具备竞争能力，立足于国际市场呢? IPD 能帮助企业解决这些问题。

IPD 流程在指导 PDT 团队做事的过程中，要素考虑更全、更系统。过去，我们是按照“丢三落四”的脑袋中的流程做事，靠返工弥补前面丢失的要素。如制药企业，在新产品开发过程中不考虑注册的要素，新产品开发出来了，要上市了，才发现没有注册，再启动注册事项，但最终效率是低下的。一家做汽车配件的企业，在新产品开发过程中，不考虑成本约束的要素，新产品开发出来了，要上市了，成本核算后发现市场售价 1.3 万元的汽车配件产品，其材料成本就有 1.2 万元，又立即

启动降低成本项目。整个产品的上市周期延长了，企业效率降低了。

四、IPD 要在速度与质量之间做取舍吗

事实：必须是速度与质量相结合。

我们不能因为速度的原因而牺牲质量。抓住市场机会实际上是抓住销售机会，通常表现为速度较快，但是质量不好，一切都是为了实现销售。这种方法是先跨进客户的门槛，向客户表示公司可以提供他们所需的产品，然后承诺大量的资源排除产品的缺陷，这种方式不是以市场为驱动的公司行为，是以销售和研发为业务模型的公司行为。公司如果以这种方法在全球市场与对手竞争，是无法获得成功的。IPD 的目的是保证速度，但也要保证产品质量。

IPD 不仅使公司加快了研发速度，还提供了一种规范，保证能够生产出高质量的产品。这是因为 IPD 流程组织了理解一致的活动，活动的上下游关系也被打通了，团队在新产品开发过程中，扯皮、漏掉要素的事情少了，从而提高了团队效率和交付质量。

五、IPD 是否影响新产品投资决策的速度

在 IPD 推进过程中，是依靠决策评审委员会这个重量级高层团队进行新产品投资决策评审的。

重量级团队（投资决策评审委员会与 PDT）加快了决策的速度。但是在实践中，我们必须明确哪些决策由谁负责，而且所有决策团队的成员在做决策时都必须参加会议。通过授权 PDT，职能领域和投资决策评审委员会在自己的责任范围内做出决策，加快了决策的速度。

依靠团队的决策方式，决策进度比职能式的串行决策方式快得多。在职能式管理企业中，新产品投资决策往往是串行审批方式，市场体系的负责人签字后，找研发体系的负责人签字，找供应链体系的负责人签字，再找财务体系、公司总经理签字，一圈转下来需要一两周的时间，这才是最慢的决策方式。

六、PDT 重量级团队是否削弱了职能部门的影响力

在 IPD 管理模式中，职能部门的职责从原来“既管人又管事”变为“只管人”。也就是说，建立优异的职能部门、培养员工的能力是其职责。

职能部门在 IPD 的执行与决策中占据着关键的地位，但是角色发生了变化。就像在乐队的演奏中，每个人都有自己的角色。如果鼓手演奏的声音比其他人大，想控制整个演奏，那么即使鼓手自己可能感觉很强大，但是整个演奏已经不和谐了，已经被破坏了。

职能部门在 IPD 中扮演着非常重要的角色，不过在 IPD 流程中以团队的形式进行运作很重要。如果没有强大的职能部门支撑，IPD 也无法发挥作用。职能部门在许多方面都发挥着重要作用，如培养本部门员工技能、制订职能部门策略、向 PDT 和投资决策评审委员会做出并履行承诺、将本职能部门与其他部门及公司联合起来、加强本职能部门对承诺的执行力度。

一定要保持耐心，坚定信念，始终关注我们的目标。我们不会一夜之间就大获全胜，即使拥有详细模板、对照检查表和流程也做不到，因为这些东西只是提供了一个框架和一种指导，而非针对不同情况判断需要哪些东西的能力。成功需要实践、时间和坚持不懈的努力，这意味着需要大家承诺、支持 IPD。我们要共同努力，消除这些疑惑，通过事实

让大家了解到 IPD 的好处。一根链条的强度取决于最弱的一环，对自己、团队和公司做出承诺，成为链条中最坚实的一环。在阅读和学习 IPD 流程的过程中，要记住它提供的只是信息、框架和指南，无法替代知识、理解、经验和判断。

为了保证 IPD 成功，公司必须培养所需的判断能力、团队精神，并积累经验。获得经验和学会如何进行判断是需要时间的，但其回报也是丰厚的。

七、投资决策评审委员会要考核 PDT 吗

肯定需要。绩效管理是投资决策评审委员会必须具备的一项重要技能，做好 PDT 经理的绩效管理是 PDT 有效运作的重要保证。

一些企业的投资决策评审委员会主要关注产品决策，忽略了对 PDT 的评价、考核和激励。每季度及年终对 PDT 的考核是投资决策评审委员会的重要责任之一，投资决策评审委员会主任应从业务角度制订 PDT 经理的绩效目标。同时，投资决策评审委员会成员应审视本部门 PDT 成员的个人绩效目标，在过程中帮助 PDT 成员实现绩效目标，每季度末通过沟通帮助其提升绩效。

总之，投资决策评审委员会在关注业务的同时，别忘记实施业务目标的 PDT 团队。

八、PDT 经理往往是技术最强的人，这样好不好，为什么

原因分析：

（1）对 IPD 模式下新产品开发团队特征理解不清。

（2）对 PDT 经理的角色职责及所需的技能要求理解不清。

（3）对 IPD 推行初期的艰巨性理解不足。

解决方案：

（1）PDT 是一个跨职能部门的重量级团队，在 PDT 经理的带领下，以跨职能部门方式工作，各成员在所有的产品项目决策中代表本职能部门做出决策，这就要求 PDT 经理和核心组成员有较强的组织、协调和沟通能力。

（2）从 PDT 经理和核心组成员的技能模型中，不难发现他们的技能项相同，但权重不同。其中，领导能力和相关工作经验比重相同，都占最大的比重，而 PDT 经理更强调项目管理能力和商业意识，PDT 核心组成员更强调职能领域知识和团队协作。

所以，一味强调技术水平，按照技术能力高低选拔的做法值得商榷。

事实上，步步高通信科技公司等经过系统化的 IPD 咨询，公司的管理成熟度提高后，一些 PDT 经理并不是技术出身。如在 2009 年进入试运行阶段，采购部长主动要求做 PDT 经理，他带领的功能手机开发团队，产品上市发布后，单月发货量达到 8.5 万部，在步步高历史上是第一次。这也证明了不是技术出身，公司管理成熟度提高后，照样可以做好 PDT 项目。

（3）在 IPD 推行初期，为了保证推行效果，如华为明确规定：

PDT 经理主要来自研发部门与市场部门。

PDT 经理候选人在被任命前连续三个季度的考评必须在 B 以上。

九、PDT 团队需要的资源无法到位，如何解决

原因分析：

（1）没有做好产品路标规划和产品业务计划。

（2）职能部门没有建立基于产品路标规划的规划、培养、选拔、调配和释放的资源管理体系。

（3）项目组项目管理水平急需提高，项目运作过程中人力浪费严重。

解决方案：

（1）投资决策评审委员会提高组合管理技能，合理规划产品及特性、质量、时间，这些是做好资源管理的根本。

（2）各职能部门要对组合决策评审排序的各个项目需要的各种资源投入的合理性进行评审。

（3）根据路标规划做好人力资源的供需差距分析，尽量从源头保证产品线业务计划、路标规划在时间、质量、数量等方面的要求。

（4）投资决策评审委员会成员主动向职能部门反馈产品规划最新动态和需求，协助职能部门主管保障足够、合格、可用的资源。

（5）与职能部门主管一起选拔合格的人员成为 PDT 核心组和外围组的成员。

（6）在决策评审点评审时了解现有的资源状况，根据需求与供给的关系对项目（或特性）提出继续、取消、推迟等决策建议。

（7）如评审通过，投资决策评审委员会成员对向 PDT 核心组承诺的资源到位负责；如决策评审点在有资源限制条件下获得通过，投资决策评审委员会成员应与 PDT 核心组及其所在的职能部门领导积极协商解决措施，如仍无法解决，则需提请投资决策评审委员会再次决策。

（8）帮助提高 PDT 核心组项目管理水平，减少人力浪费。

十、如何把握新产品开发任务书决策评审的重点

我们想做这件事吗？

我们是否有能力做这件事？

是否有吸引力？

我们是否有竞争力？

在财务上是否有意义？

能否提高整个组合的水平？

是不是一项战略投资？

十一、为什么投资决策评审委员会会议要例行化，按日历运作

投资决策评审委员会是一个跨部门的团队，其成员在各职能部门都担任重要的职务，平时的工作比较忙，会议繁多。

投资决策评审委员会会议例行化、按日历运作，可以减少会议冲突，确保投资决策评审委员会成员参加关键的会议（如部门会议、投资决策评审委员会会议等）。所以，投资决策评审委员会会议每两周举行一次，支持决策评审点及非决策评审点决策；紧急事情可以临时增加会议。

疑惑：实施 IPD 咨询项目前期，最高领导者是否需要明确表态？

有的企业领导喜欢先不表态，或者表态不积极，而是先看看新体系的执行情况，比如，是否符合企业的实际情况、是否取得成效，才决定支持的力度。在不是由公司最高领导主动发起的 IPD 项目中，这种现象最明显。体系在实施初期得不到高层足够的支持，容易导致失败。

IPD 咨询项目取得比较好的效果的企业，“一把手”往往在咨询项目前期就开始学习、了解 IPD，参加举办的公开课，或者在企业内部引入内训，在咨询项目启动阶段就支持 IPD 变革。

十二、IPD 对员工能力提出了哪些新要求

公司采用新的新产品开发方法的同时，必须对几个重要方面进行仔细检查。

在使用规范的新产品开发流程方面，公司必须与以前非结构化的新产品开发习惯彻底决裂。以前习惯的特点是研发中“放任自由”、“散兵游勇”，流程无法重复使用，没有指标，没有完整的文档，依赖于研发“英雄”在现场对发布的不成熟产品提供支持。

在基于事实的快速决策方面，公司必须认识到了解和满足最新市场需求在新产品开发中的牵引力量，以及需求的变化可能更快的事实。

在各管理层基于项目的组织下，以跨职能部门的虚拟团队进行运作方面，公司必须培养新型的职能部门专家。他们必须在跨职能领域高度合作的环境下进行运作，并依赖他们在本职能部门的特长，在跨职能部门的团队中充分发挥在本领域的技能，合理地代表本职能部门的利益。公司还必须研究激励机制，看现有的行为激励计划是鼓励个人英雄主义还是整个团队的成绩，以及是否需要对绩效目标设定和考评体系进行更新，以符合对跨职能部门工作的考核。

在执行基于项目的业务管理模型方面，公司必须对职能部门管理层关注的重点进行改造，由针对某个新产品开发项目对其职能部门直接进行管理和监控转变为新一级的管理，关注培养本职能部门员工的能力和本部门整体业务水平的提升，明确和认可自己的职责，尽量向基于团队的管理方式靠拢。

“端到端”的项目经理往往是缺乏的，因此，企业要采用 IPD 管理模式。

大部分要求需要通过针对 IPD 的业务管理体系确保集成新产品开发中的“集成”部分的责任得到履行、适当分配、正确地执行和公正的回报。

十三、中小企业是否有必要实施 IPD

在给企业介绍 IPD 的过程中，经常有中小企业的老总问：“我们企业有必要引入 IPD 模式吗?”

首先，IPD 是一种管理理念和管理思想，是在吸取了 20 多年的企业管理理论和实践最新发展的基础上形成的，包括 IPD 是系统性的管理模式，是一套完整的解决方案，是根据大量成功的产品开发管理实践总结出来的，并被大量实践证明的高效产品开发模式。IPD 强调改进产品开发需要从策略、流程、组织 3 个方面进行系统性的考虑。IPD 始终贯彻以市场为导向，从投资角度看待产品开发的管理思想；将产品开发流程与市场营销流程、公司战略流程有机地结合在一起，形成了贯穿企业战略、市场营销、生产等环节的核心业务流程，将产品开发真正融入企业运营。IPD 认为，产品开发不仅是研发部门的事情，还是企业管理层、市场营销、财务、采购、生产等部门的事情。

根据我们辅导多家中小企业引入 IPD 的经验，IPD 完全可以给中小企业带来减少研发浪费、提高产品开发成功率、缩短产品上市周期等好处。我们认为，问题的关键不是有没有必要引入 IPD，而是怎样引入 IPD、怎样吸取 IPD 的思想指导产品开发、怎样对 IPD 进行裁剪使之适合企业自身的需要，等等。

最后要说的是，和任何变革一样，引入 IPD 要求企业高层重视，要求企业具有执行的文化，只要在这些方面做得比较好，中小企业也可以成功实施 IPD。

参考文献

【1】胡红卫. 研发困局 [M]. 北京：电子工业出版社，2009.

【2】郭富才，金小云. 研发困局突围 [M]. 北京：电子工业出版社，2011.

【3】吴春波. 华为没有秘密 [M]. 北京：中信出版社，2014.

博瑞森图书分类导读图＋书目

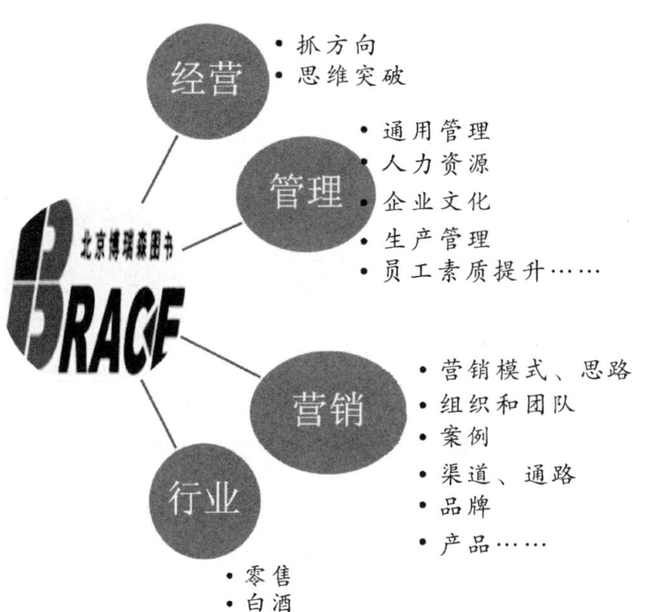

• 零售
• 白酒
• 食品/快消品（乳业、食用油、茶叶、调味品等）
• 农业（农资、农产品、农牧企业）
• 医药（医药营销、处方药、药店）
• 家居建材
• 工业品
• 金融……

更多实战好书，请关注**“博瑞森管理图书网”**

北京博瑞森图书 BRACE http://www.bracebook.com.cn

（网站二维码）

行业类：零售、白酒、食品/快消品、农业、医药、建材家居			
	书名．作者	内容/特色	读者价值
零售·餐饮	涨价也能卖到翻 村松达夫 【日】	提升客单价的15种实用、有效的方法	日本企业在这方面非常值得学习和借鉴
	1. 总部有多强大，门店就能走多远 2. 超市卖场定价策略与品类管理 3. 连锁零售企业招聘与培训破解之道 4. 中国首家未来超市：解密安徽乐城 IBMG国际商业管理集团 著	国内外标杆企业的经验＋本土实践量化数据＋操作步骤、方法	通俗易懂，行业经验丰富，宝贵的行业量化数据，关键思路和步骤
	零售：把客流变成购买力 丁 昀 著	如何通过不断升级产品和体验式服务来经营客流	如何进行体验营销，国外的好经营，这方面有启发
	餐饮企业经营策略第一书 吴 坚 著	分别从产品、顾客、市场、盈利模式等几个方面，对现阶段餐饮企业的发展提出策略和思路	第一本专业的、高端的餐饮企业经营指导书
白酒	变局下的白酒企业重构 杨永华 郭 旭 著	帮助白酒企业从产业视角看清趋势，找准位置，实现弯道超车的书	行业内企业要减少90%，自己在什么位置，怎么做，都清楚了
	1. 白酒营销的第一本书 2. 白酒经销商的第一本书 唐江华 著	华泽集团湖南开口笑公司品牌部长，擅长酒类新品推广、新市场拓展	扎根一线，实战
	区域型白酒企业营销必胜法则 朱志明 著	为区域型白酒企业提供35条必胜法则，在竞争中赢销的葵花宝典	丰富的一线经验和深厚积累，实操实用
快消品·食品	乳业营销第一书 侯军伟 著	对区域乳品企业生存发展关键性问题的梳理	唯一的区域乳业营销书，区域乳品企业一定要看
	食用油营销第一书 余 盛 著	10多年油脂企业工作经验，从行业到具体实操	食用油行业第一书，当之无愧
	中国茶叶营销第一书 柏 龑 著	如何跳出茶行业"大文化小产业"的困境，作者给出了自己的观察和思考	不是传统做茶的思路，而是现在商业做茶的思路
	变局下的快消品营销实战策略 杨永华 著	通胀了，成本增加，如何从被动应战变成主动的"系统战"	作者对快消品行业非常熟悉、非常实战
	调味品营销第一书 陈小龙 著	国内唯一一本调味品营销的书	唯一的调味品营销的书，调味品的从业者一定要看
	快消品营销：一位销售经理的工作心得2 蒋 军 著	快消品、食品饮料营销的经验之谈，重点突出	来源于实战的精华总结
	快消品营销与渠道管理 谭长春 著	将快消品标杆企业渠道管理的经验和方法分享出来	可口可乐、华润的一些具体的渠道管理经验，实战
	成为优秀的快消品区域经理 伯建新 著	37个"怎么办"分析区域经理的工作关键点	可以作为区域经理的'速成催化器'
	销售轨迹：一位快消品营销总监的拼搏之路 秦国伟 著	本书讲述了一个普通销售员打拼成为跨国企业营销总监的真实奋斗历程	激励人心，给广大销售员以力量和鼓舞
农业	农资营销实战全指导 张 博 著	农资如何向"深度营销"转型，从理论到实践进行系统剖析，经验资深	朴实、使用！不可多得的农资营销实战指导
	农产品营销第一书 胡浪球 著	从农业企业战略到市场开拓、营销、品牌、模式等	来源于实践中的思考，有启发
	变局下的农牧企业9大成长策略 彭志雄 著	食品安全、纵向延伸、横向联合、品牌建设……	唯一的农牧企业经营实操的书，农牧企业一定要看
医药	新医改下医药营销与团队管理 史立臣 著	探讨新医改对医药行业的系列影响和医药团队管理	帮助理清思路，有一个框架
	医药营销与处方药学术推广 马宝琳 著	如何用医学策划把"平民产品"变成"明星产品"	有真货、讲真话的作者，堪称处方药营销的经典！
	新医改了，药店就要这样开 尚 锋 著	药店经营、管理、营销全攻略	有很强的实战性和可操作性
	OTC医药代表药店开发与维护 鄢圣安 著	要做到一名专业的医药代表，需要做什么、准备什么、知识储备、操作技巧等	医药代表药店拜访的指导手册，手把手教你快速上手

续表

建材家居	**建材家居营销实务** 程绍珊　杨鸿贵　主编	价值营销运用到建材家居，每一步都让客户增值	有自己的系统、实战
	建材家居门店销量提升 贾同领　著	店面选址、广告投放、推广助销、空间布局、生动展示、店面运营等	门店销量提升是一个系统工程，非常系统、实战
	10 步成为最棒的建材家居门店店长 徐伟泽　著	实际方法易学易用，让员工能够迅速成长，成为独当一面的好店长	只要坚持这样干，一定能成为好店长
	手把手帮建材家居导购业绩倍增：成为顶尖的门店店员 熊亚柱　著	生动的表现形式，让普通人也能成为优秀的导购员，让门店业绩长红	读着有趣，用着简单，一本在手、业绩无忧
工业品	**解决方案营销实战案例** 刘祖轲　著	用 10 个真案例讲明白什么是工业品的解决方案式营销，实战、实用	有干货、真正操作过的才能写得出来
	变局下的工业品企业 7 大机遇 叶敦明　著	产业链条的整合机会、盈利模式的复制机会、营销红利的机会、工业服务商转型机会……	工业品企业还可以这样做，思维大突破
	工业品市场部实战全指导 杜　忠　著	工业品市场部经理工作内容全指导	系统、全面、有理论、有方法，帮助工业品市场部经理更快提升专业能力
金融	**交易心理分析** (美)马克·道格拉斯　著 刘真如　译	作者一语道破赢家的思考方式，并提供了具体的训练方法	不论你是初入股市的新手，或是股票买卖的老手，如果你想在股市中持续一贯地获利，你都应该读一读这本关于股票交易心理学的书，它会让你超脱输家轮回，晋身市场赢家
	精品银行管理之道 崔海鹏　何屹　主编	中小银行转型的实战经验总结	中小银行的教材很多，实战类的书很少，可以看看
	支付战争 Eric M. Jackson 著 徐　彬　王　晓　译	paypal 创业期营销官根据自己的亲身经历，讲述 paypal 从诞生到壮大到成功出售的整个历史过程	激烈、有趣的内幕商战故事！了解美国支付市场的风云巨变
服装	**赚不赚钱靠店长：从懂管理到会经营** 孙彩军　著	通过生动的案例来进行剖析，注重门店管理细节方面的能力提升	帮助终端门店店长在管理门店的过程中实现经营思路的拓展与突破

经营类：企业如何赚钱，如何抓机会，如何突破，如何“开源”

	书名．作者	内容/特色	读者价值
抓方向	**让经营回归简单．升级版** 宋新宇　著	化繁为简抓住经营本质：战略、客户、产品、员工、成长	经典，做企业就这几个关键点！
	公司由小到大要过哪些坎 卢　强　著	老板手里的一张“企业成长路线图”	现在我在哪儿，未来还要走哪些路，都清楚了
	企业二次创业成功路线图 夏惊鸣　著	企业曾经抓住机会成功了，但下一步该怎么办？	企业怎样获得第二次成功，心里有个大框架了
	老板经理人双赢之道 陈　明　著	经理人怎养选平台、怎么开局，老板怎样选/育/用/留	老板生闷气，经理人牢骚大，这次知道该怎么办了
	企业文化的逻辑 王祥伍　黄健江　著	为什么企业绩效如此不同，解开绩效背后的文化密码	少有的深刻，有品质，读起来很流畅
	使命驱动企业成长 高可为　著	钱能让一个人今天努力，使命能让一群人长期努力	对于想做事业的人，‘使命’是绕不过去的
	公司大了怎么管：从靠英雄到靠组织 金国华　著	第一次详尽阐释中国快速成长型企业的特点、问题及解决之道	帮助快速成长型企业领导及管理团队理清思路，突破瓶颈
思维突破	**跳出同质思维，从跟随到领先** 郭　剑　著	66 个精彩案例剖析，帮助老板突破行业长期思维惯性	做企业竟然有这么多玩法，开眼界
	7 个转变，让公司 3 年胜出 李　蓓　著	消费者主权时代，企业该怎么办	这就是互联网思维，老板有能这样想，肯定倒不了
	麻烦就是需求　难题就是商机 卢根鑫　著	如何借助客户的眼睛发现商机	什么是真商机，怎么判断、怎么抓，有借鉴
	重生战略：移动互联网和大数据时代的转型法则 沈　拓　著	在移动互联网和大数据时代，传统企业转型如同生命体打碎与再造，称之为“重生战略”	帮助企业认清移动互联网环境下的变化和应对之道
	互联网思维下的企业战略转型 李　蓓　著	本书阐述了传统企业在互联网思维下的战略转型之路：重新定义产品——重新寻找客户——重新发现价值	利用互联网思维结合自己已有的竞争优势，你也可以创建一个有着无限成长空间的新企业

续表

管理类:效率如何提升,如何实现经营目标,如何“节流”			
	书名．作者	内容/特色	读者价值
通用管理	1. 让管理回归简单.升级版 2. 让经营回归简单．升级版 3. 让用人回归简单 宋新宇　著	宋博士的“简单”三部曲,影响20万读者,非常经典	被读者热情地称作“中小企业的管理圣经”
	边干边学做老板 黄中强　著	创业20多年的老板,有经验、能写、又愿意分享,这样的书很少	处处共鸣,帮助中小企业老板少走弯路
	阿米巴经营的中国模式 李志华　著	让员工从“要我干”到“我要干”,价值量化出来	阿米巴在企业如何落地,明白思路了
	欧博心法:好管理靠修行 曾　伟　著	用佛家的智慧,深刻剖析管理问题,见解独到	如果真的有‘中国式管理’,曾老师是其中标志性人物
	1. 用流程解放管理者 2. 用流程解放管理者2 张国祥　著	中小企业阅读的流程管理、企业规范化的书	通俗易懂,理论和实践的结合恰到好
	跟我们学建流程体系 陈立云　著	畅销书《跟我们学做流程管理》系列,更实操,更细致,更深入	更多地分享实践,分享感悟,分享从实践总结出来的方法论
人力资源	回归本源看绩效 孙　波　著	让绩效回顾“改进工具”的本源,真正为企业所用	确实是来源于实践的思考,有共鸣
	曹子祥教你做绩效管理 曹子祥　著	复杂的理论通俗化,专业的知识简单化,企业绩效管理共性问题的解决方案	轻松掌握绩效管理
	把招聘做到极致 远　鸣　著	作为世界500强高级招聘经理,作者数十年招聘经验的总结分享	带来职场思考境界的提升和具体招聘方法的学习
	走出薪酬管理误区 全怀周　著	剖析薪酬管理的8大误区,真正发挥好枢纽作用	值得企业深读的实用教案
	集团化人力资源管理实践 李小勇　著	对搭建集团化的企业很有帮助,务实,实用	最大的亮点不是理论,而是结合实际的深入剖析
	人才评价中心．超级漫画版 邢　雷　著	专业的主题,漫画的形式,只此一本	没想到一本专业的书,能写成这效果
	我的人力资源咨询笔记 张　伟　著	管理咨询师的视角,思考企业的HR管理	通过咨询师的眼睛对比很多企业,有启发
	本土化人力资源管理8大思维 周　剑　著	成熟HR理论,在本土中小企业实践中的探索和思考	对企业的现实困境有真切体会,有启发
企业文化	华夏基石方法:企业文化落地本土实践 王祥伍　谭俊峰　著	十年积累、原创方法、一线资料,和盘托出	在文化落地方面真正有洞察,有实操价值的书
	企业文化的逻辑 王祥伍　著	为什么企业之间如此不同,解开绩效背后的文化密码	少有的深刻,有品质,读起来很流畅
	企业文化激活沟通 宋杼宸　安琪　著	透过新任HR总经理的眼睛,揭示出沟通与企业文化的关系	有实际指导作用的文化落地读本
生产管理	高员工流失率下的精益生产 余伟辉　著	中国的精益生产必须面对和解决高员工流失率问题	确实来源于本土的工厂车间,很务实
	车间人员管理那些事儿 岑立聪　著	车间人员管理中处理各种“疑难杂症”的经验和方法	基层车间管理者最闹心、头疼的事,‘打包’解决
	1. 欧博心法:好管理靠修行 2. 欧博心法:好工厂这样管 曾　伟　著	他是本土最大的制造业管理咨询机构创始人,他从400多个项目、上万家企业实践中锤炼出的欧博心法	中小制造型企业,一定会有很强的共鸣

续表

生产管理	欧博工厂案例1:生产计划管控对话录 欧博工厂案例2:品质技术改善对话录 欧博工厂案例3:员工执行力提升对话录 曾 伟 著	最典型的问题、最详尽的解析,工厂管理9大问题27个经典案例	没想到说得这么细,超出想象,案例很典型,照搬都可以了
员工素质提升	跟老板"偷师"学创业 吴江萍 余晓雷 著	边学边干,边观察边成长,你也可以当老板	不同于其他类型的创业书,让你在工作中积累创业经验,一举成功
	销售轨迹:一位快消品营销总监的拼搏之路 秦国伟 著	本书讲述了一个普通销售员打拼成为跨国企业营销总监的真实奋斗历程	激励人心,给广大销售员以力量和鼓舞
	在组织中绽放自我:从专业化到职业化 朱仁健 王祥伍 著	个人如何融入组织,组织如何助力个人成长	帮助企业员工快速认同并投入到组织中去,为企业发展贡献力量
	企业员工弟子规:用心做小事,成就大事业 贾同领 著	从传统文化《弟子规》中学习企业中为人处事的办法,从自身做起	点滴小事,修养自身,从自身的改善得到事业的提升

营销类:把客户需求融入企业各环节,提供"客户认为"有价值的东西

	书名.作者	内容/特色	读者价值
营销模式	变局下的营销模式升级 程绍珊 叶宁 著	客户驱动模式、技术驱动模式、资源驱动模式	很多行业的营销模式被颠覆,调整的思路有了!
	卖轮子 科克斯 【美】	小说版的营销学! 营销核心理念巧妙贯穿其中,贵在既有趣,又有深度	经典、有趣! 一个故事读懂营销精髓
	弱势品牌如何做营销 李政权 著	中小企业虽有品牌但没名气,营销照样能做的有声有色	没有丰富的实操经验,写不出这么具体、详实的案例和步骤,很有启发
	老板如何管营销 史贤龙 著	不要认为营销就是4个P、C、R的概念游戏,揭开营销智慧助力企业成功的内在奥秘	高段位营销16招,好学好用,老板能看,营销人也能看
	动销:产品是如何畅销起来的 吴江萍 余晓雷 著	真真切切告诉你,产品究竟怎么才能卖出去! 突破产品滞销困局的实战宝典	击中痛点,提供方法,你值得拥有
组织和团队	升级你的营销组织 程绍珊 吴越舟 著	用"有机性"的营销组织力替代"营销能人",把营销团队变成"铁营盘"	营销队伍最难管,程老师不愧是营销第1操盘手,步骤、方法都很成熟
	用数字解放营销人 黄润霖 著	通过量化帮助营销人员提高工作效率	作者很用心,很好的常备工具书
	成为优秀的快消品区域经理 伯建新 著	37个"怎么办"分析区域经理的工作关键点	可以作为区域经理的'速成催化器'
	一位销售经理的工作心得 蒋 军 著	一线营销管理人员想提升业绩却无从下手时,可以看看这本书	一线的真实感悟
	快消品营销:一位销售经理的工作心得2 蒋 军 著	快消品、食品饮料营销的经验之谈,重点突出	来源于实战的精华总结
	销售轨迹:一位快消品营销总监的拼搏之路 秦国伟 著	本书讲述了一个普通销售员打拼成为跨国企业营销总监的真实奋斗历程	激励人心,给广大销售员以力量和鼓舞
案例	解决方案营销实战案例 刘祖轲 著	用10个真案例讲明白什么是工业品的解决方案式营销,实战、实用	有干货、真正操作过的才能写得出来
	我们的营销真案例 联纵智达研究院 著	五芳斋粽子从区域到全国/诺贝尔瓷砖门店销量提升/利豪家具出口转内销/汤臣倍健的营销模式/娃哈哈联销体	选择的案例都很有代表性,实在、实操!
	招招见销量的营销常识 刘文新 著	如何让每一个营销动作都直指销量	适合中小企业,看了就能用

续表

案例	**中国首家未来超市:解密安徽乐城** IBMG国际商业管理集团　著	零售企业的未来在哪里?本书深入挖掘了安徽乐城超市的试验案例,为零售企业未来的发展提供了一条可借鉴之路	通俗易懂,行业经验丰富,宝贵的行业量化数据,关键思路和步骤
产品	**产品炼金术Ⅰ:如何打造畅销产品** 史贤龙　著	满足不同阶段、不同体量、不同行业企业对产品的完整需求	必须具备的思维和方法,避免在产品问题上走弯路
	产品炼金术Ⅱ:如何用产品驱动企业成长 史贤龙　著	做好产品、关注产品的品质,就是企业成功的第一步	必须具备的思维和方法,避免在产品问题上走弯路
	新产品开发管理,就用IPD 郭富才　著	10年IPD研发管理咨询总结,国内首部IPD专业著作	一本书掌握IPD管理精髓
品牌	**中小企业如何建品牌** 梁小平　著	中小企业建品牌的入门读本,通俗、易懂	对建品牌有了一个整体框架
	采纳方法:破解本土营销8大难题 朱玉童　编著	全面、系统、案例丰富、图文并茂	希望在品牌营销方面有所突破的人,应该看看
渠道通路	**快消品营销与渠道管理** 谭长春　著	将快消品标杆企业渠道管理的经验和方法分享出来	可口可乐、华润的一些具体的渠道管理经验,实战
	传统行业如何用网络拿订单 张　进　著	给老板看的第一本网络营销书	适合不懂网络技术的经营决策者看
	采纳方法:化解渠道冲突 朱玉童　编著	系统剖析渠道冲突,21个最新的渠道冲突案例、情景式讲解,37篇专题讲义	系统、全面
	学话术 卖产品 张小虎　著	分析常见的顾客异议,提出破解方案,将复杂的销售程序化,将优秀的话术模块化	让普通导购员也能成为销售精英